Magia na Cozinha

O Tempero da Bruxa

Maria Silvia P. Orlovas

Magia na Cozinha

O Tempero da Bruxa

© 2014, Madras Editora Ltda.

Editor:
Wagner Veneziani Costa

Produção e Capa:
Equipe Técnica Madras

Revisão:
Jeronimo Feitosa
Arlete Genari
Francisco Jean Siqueira Diniz

Dados Internacionais de Catalogação na Publicação (CIP)
(Câmara Brasileira do Livro, SP, Brasil)

Orlovas, Maria Silvia P.
Magia na cozinha: O tempero da bruxa/Maria Silvia P. Orlovas. – 1. ed. – São Paulo: Madras, 2014.

ISBN 978-85-370-0854-6

1. Bruxaria 2. Rituais 3. Esoterismo I. Título.

13-05586   CDD-641.5

Índices para catálogo sistemático:
1. Bruxaria: Culinária 641.5
2. Receitas culinárias 641.5

É proibida a reprodução total ou parcial desta obra, de qualquer forma ou por qualquer meio eletrônico, mecânico, inclusive por meio de processos xerográficos, incluindo ainda o uso da internet, sem a permissão expressa da Madras Editora, na pessoa de seu editor (Lei nº 9.610, de 19.2.98).

Todos os direitos desta edição reservados pela

MADRAS EDITORA LTDA.
Rua Paulo Gonçalves, 88 — Santana
CEP: 02403-020 — São Paulo/SP
Caixa Postal: 12183 — CEP: 02013-970
Tel.: (11) 2281-5555 — Fax: (11) 2959-3090
www.madras.com.br

Índice

Introdução 9

1. O Pão Nosso de Cada Dia 13
   Nem só de pão vive o homem: a alimentação é antes energética e espiritual, como nos ensinou o Mestre...

2. Um, Dois, Feijão com Arroz 23
   O prato de arroz e feijão constitui a alimentação básica da maioria dos brasileiros, da mesma forma que o carinho e o respeito são os ingredientes mais importantes para a felicidade no convívio familiar...

3. Legumes à Italiana 31
   Às vezes, o que aparentemente é um caos na nossa vida é uma experiência importante e cheia de aprendizados, como um cozido de legumes, o que importa é o tempero que colocamos na vida para tornar o sabor agradável...

4. Cobertura para Festa 41
   Muitas vezes procuramos adoçar a vida para melhorar o sabor das experiências, para isso também servem as coberturas dos bolos, que enfeitam, adoçam e escondem os buraquinhos...

5. Sonhos 49
   A massa do sonho é extremamente simples. Antes de fritar é uma mistura de ovos, leite e farinha, o que muda tudo é a ação do fermento em contato com o óleo quente. Da mesma forma, temos de agir em nossas vidas, devemos construir nossos sonhos e colocá-los em prática; e salve a força divina e seu óleo quente!...

6. Beringela para Aperitivo 59
   A beringela é um vegetal de sabor marcante e levemente amargo; se você não souber prepará-lo, fica simplesmente intragável. Assim é com o casamento, que sem o tempero do amor torna-se simplesmente insuportável...

7. **Beringela à Parmegiana** 67
   Mais uma vez a beringela! Apesar do seu sabor marcante e levemente amargo, ela se presta a mil variações e aceita muito bem todas as roupagens que quisermos colocar, da mesma forma que a nossa vida. O sofrimento é uma escolha, e, diga-se de passagem, bem pouco original!

8. **Doce de Pêssego em Calda** 77
   Se o pêssego é uma fruta maravilhosa, imagine em uma suave calda de açúcar, cravo e canela? Assim também é a energia divina, algo naturalmente bom, mas que se torna ainda melhor quando entramos em contato com ela.

9. **Curry de Legumes** 85
   O sabor inconfundível de novos sabores sempre vem modificar o gosto daquilo que já conhecemos. Um novo tempero é também uma nova vida!

10. **Sobras do Dia** 93
    Recriar os alimentos é uma tarefa importante que recai sobre a dona de casa. Quantas são as vezes em que temos um prato intocado de arroz que ninguém quer ver requentado no jantar? De igual maneira é a nossa vida, precisamos saber administrar as experiências que se acumulam. Recriar nossos relacionamentos é um poder altamente espiritual!

11. **Bem-casados** 103
    Não basta ser doce, é preciso ter liga, algo mais que nos aproxime, algo mais que nos torne cúmplices. É assim que vejo um relacionamento, bem parecido com este biscoito recheado de goiabada.

12. **Sopa de Ervilha Seca** 115
    Os alimentos quentes esquentam o corpo, e quando feitos com amor, aquecem também a nossa alma.

13. **Samosa e Outros Quitutes** 125
    O carinho que colocamos na comida é evidenciado pelo capricho dos nossos pratos. Samosa é um salgadinho indiano, que é servido como um Pruchad, uma oferenda aos deuses. Nós podemos fazer o mesmo oferecendo uma comida bem preparada aos nossos amigos!

14. **Patê de Cenoura e Ricota** 135
    Os patês são sempre uma mistura de muitos sabores, legumes, temperos, ricota, maionese, salsinha. Tudo formando um aparente caos que cria uma liga extremamente saborosa!

15. Comidinhas Leves – Regimes 145
Nunca foi fácil fazer um regime, mas nada melhor do que vencer nossos maus hábitos e mudar a vida para ficarmos mais leves. Porém, percebo que junto com a mudança alimentar é preciso mudar o pensamento.

16. Doces Diferentes e Festa das Bruxas! 159
Adoçar a vida para que tudo fique mais fácil é um poderoso feitiço para a felicidade, mas só funciona se a alegria vier limpa do seu coração.

17. Comida Brasileira Vegetariana 179
Sabor não tem nada a ver com carne. Você pode fazer algo muito gostoso usando apenas ervas aromáticas e criatividade. Experimente.

18. Saladas e Acompanhamentos 187
Em cada viagem, em cada tempero, descobrimos uma nova história. Em cada lugar aprendemos um jeito diferente de lidar com a vida. Nunca somos os mesmos depois de uma aventura que nos transforma. O tempero sugere mudança; a vida, aprendizado!

Minhas Ervas Prediletas 199

Nota do Editor

A Madras Editora não participa, endossa ou tem qualquer autoridade ou responsabilidade no que diz respeito a transações particulares de negócio entre o autor e o público.

Quaisquer referências de internet contidas neste trabalho são as atuais, no momento de sua publicação, mas o editor não pode garantir que a localização específica será mantida.

Introdução

No meio de papeis, novas receitas e memórias, estou aqui sentada no meu computador de última geração, dedilhando um teclado protegido por uma capa de acrílico de cores rosa e *pink*, relendo a minha história, voltando ao passado, enquanto meu *Facebook* pisca na tela mostrando-me um monte de mensagens. Nem deveria me perturbar com essa mistura entre modernidade e o passado porque essa é a história da minha vida, já que há aproximadamente 20 anos trabalho com Terapia de Vidas Passadas e aconselhamento pessoal. Um dom que nasceu comigo e se desenvolveu em um mundo inquieto que se transforma o tempo todo, exigindo das pessoas cada vez mais abertura para novas tecnologias e desafios. Um mundo cheio de ambições e apelos materiais, que muitas vezes abala aqueles sem suporte emocional para lidar com tanta rapidez.

Sempre carreguei comigo uma grande sensibilidade e uma visão expandida da realidade, que na infância e adolescência sempre me causaram grande desconforto, pois ver espíritos, sentir a energia dos outros, receber mensagens não é nada fácil e exigiu de mim uma boa dose de equilíbrio pessoal, para não me perder entre o mundo real e um mundo criado pela minha visão pessoal.

Acho que equilibrar nossa participação entre os mundos da matéria e do espírito é a mais difícil missão do médium, porque seja em qual nível a mediunidade se manifestar, se não for tratada, torna-se perturbação. E o mundo não precisa de gente perturbada. Ao contrário, nosso mundo é carente de pessoas que pensem com lucidez, amor e respeito aos outros e tudo o que se apresenta ao redor. E foi pensando na missão de lidar com a sensibilidade e os compromissos do dia a dia, que nasceu a ideia de trabalhar novamente no conteúdo deste livro que foi lançando pela primeira vez em meados de 1999. Na época acontecia um movimento de resgate do feminino, da magia Wicca, bruxaria, que me encantou e me envolveu. Era um chamado do mundo oculto, sufocado por décadas de ostracismo e títulos assustadores, cujas mensagens veladas guardadas em salas poeirentas de repente estavam ganhando destaque nas livrarias. Como a energia presa uma hora encontra seu rumo e cria uma grande correnteza, fui carregada por esse fluxo, sem lutar muito para dirigir o que estava acontecendo comigo e com os meus escritos. Confiei.

O fato é que sempre tive um olhar muito cuidadoso com a alimentação, com os afazeres domésticos, com a limpeza, porque sempre senti que o mundo material influenciava as questões espirituais e vice-versa. Uma astróloga certa vez me explicou que isso se deve à minha Lua posicionada em Virgem, porque normalmente uma leonina com ascendente em Áries gosta de palco. O que no meu caso também é verdade, pois desde que esse meu dom de ver as vidas passadas e receber mensagens se manifestou, sempre fui cercada de pessoas desejosas de um conselho, uma palavra de esclarecimento sobre seus caminhos, e tudo isso me levou a compartilhar as coisas que carregava comigo e ensinar.

Quando olho para o passado, vejo que foi um caminho muito interessante esse que Deus me deu, porque hoje compreendo que, por mais que batalhemos para alcançar nossos intentos, a graça divina é fundamental. Aprendi que se algo for da sua vontade mas não estiver escrito nas linhas do seu destino, de nada adiantará a luta a não ser para lapidar o ego e trazer experiências. Até porque lidar com nossos fracassos é fundamental na passagem de cada um de nós pela Terra. Assim, desde cedo, percebi que ficava muito feliz compartilhando receitas, ensinando banhos de ervas, ajudando as pessoas no equilíbrio de suas energias e emoções, e que fazendo isso tudo fluía levemente, auxiliando as pessoas seguirem o fluxo da vida.

Nesse percurso entre o mundo sutil, espiritual e questões de ordem prática, conheci pessoas incríveis, passei por várias decepções importantes, sofri, chorei, tentei entender os fatos da vida, me perdi e me encontrei. Um longo caminho, mas sem arrependimentos, porque aprendi desde cedo que não devemos carregar muitas amarguras pelas coisas que não dão certo. Precisamos lidar com as adversidades com muita luz, com paciência e uma boa dose de resignação. E é impressionante o quanto a vida pode mudar quando agimos assim.

A cozinha ensina coisas lindas por meio da sagrada alquimia do fogo, da água, do cozimento, da paciência e sensibilidade. Algumas lições são simples, como manter tudo limpo, aprender a se organizar, usar bons alimentos, mas aqueles que querem mesmo fazer um bom prato precisam ousar e ao mesmo tempo ter carinho e paciência para ir com calma porque há uma sabedoria, um tempero que só o tempo e a prática podem oferecer, igualmente ao que acontece no caminho espiritual, onde sem dedicação, cuidado e perseverança não alcançamos resultados satisfatórios.

Dizem que cozinhar é uma arte; complemento dizendo que similarmente viver a espiritualidade exige arte, talento e magia. Algo que pode ser lapidado, enfeitado como fazemos com bolos de festa. Se os ingredientes são bons, a vida será boa. Claro que nem tudo depende de nós, mas se usarmos a nosso favor aquilo que depende, com certeza estaremos bem próximos da magia da felicidade.

Este livro traz histórias, sonhos, receitas e magia.

Compartilho com você minhas ideias, vitórias e derrotas, pois na minha atual condição de avó não tenho a menor intenção de dizer que sempre tudo deu certo, porque não foi assim que aconteceu. Aliás, acho que hoje e sempre a gente tem de se esforçar para viver feliz, pois a lapidação da alma e o aprendizado nunca terminam. Mudam os cenários, troca-se de roupa e seguimos enfrentando nossos desafios, sempre conscientes que podemos escolher carregar nossa caminhada com peso ou torná-la leve. E que tudo depende daquela força interna que nos aproxima de Deus e nos faz mais conscientes de que estamos aqui de passagem e cabe a cada um de nós cultivar sua cota de felicidade.

Aproveito para agradecer a todas as pessoas queridas que me ajudaram concretizar este livro. Agradeço as receitas que recebi recheadas de carinho e boas intenções.

Obrigada ao Wagner Veneziani Costa, meu amigo e corajoso editor, que nunca se intimidou em ir atrás dos seus objetivos e fez prosperar a leitura, espalhando livros de alta qualidade Brasil afora, e sempre acreditou na missão, a mim confiada pelos mentores, que há tantos anos me enviam mensagens que já geraram vários livros publicados pela Madras Editora.

Um beijo carinhoso a todos os meus leitores.

Para continuar acompanhando-me na internet, é só clicar: <www.mariasilviaporlovas.blogspot.com>.

1

O Pão Nosso de Cada Dia

Nem só de pão vive o homem: a alimentação é antes energética e espiritual, como nos ensinou o Mestre...

Aos domingos o amanhecer tranquilo e preguiçoso na pacata cidade de Itararé, no interior do estado de São Paulo onde nasci, era trocado por uma movimentação de pessoas apressadas e bem-vestidas que tomavam as ruas tumultuando a manhã.

Os homens andavam empertigados em seus ternos escuros, como ditava a moda, de braços dados com suas mulheres vaidosas que carregavam orgulhosamente seus vestidos coloridos e engomados. Já as crianças, neste início dos anos 1960, corriam na frente dos pais sem se importar com seus babados desconfortáveis, esquecendo-se que estavam aprisionadas a lacinhos de fita feitos cuidadosamente por suas mães.

Lembro-me bem que minha avó, apesar de não ser "católica", acordava cedo aos domingos para se juntar a esse grupo de gente bem-vestida que ia à missa. Eu sabia que era dia de festa e me preparava alegremente para acompanhá-la no nosso passeio dominical. Assim, meus cabelos crespos eram umedecidos e escovados desde a raiz para ganhar cachos artificiais feitos pelo pente feroz que quase me arrancava lágrimas, enquanto de minha avó recebia sorrisos satisfeitos, pois ela queria me deixar mais bonita para a ocasião. Claro que eu não tecia nenhuma reclamação, afinal era o dia de ver pessoas arrumadas e ouvir comentários estranhos sobre elas, já que em uma cidade pequena não sobram muitos assuntos para ser comentados.

Para minha tristeza, minha avó não entrava na igreja...

– Só em casamentos! – dizia ela, convicta de suas crenças espirituais. Isso para mim era uma grande perda, pois eu acreditava que o melhor da festa acontecia justamente dentro da igreja. Era como se eu fosse até a porta da festa e não pudesse acompanhar o desenrolar dela.

Minha mente infantil viajava nas ideias sobre o que afinal faziam todas aquelas pessoas enfeitadas permanecerem sentadas enfileiradas em bancos duros para ouvir as palavras de um homem vestido de saias?

Esse mistério não me era desvendado, talvez também porque eu não soubesse perguntar... Não sabia o que era uma missa, mas não ousava perguntar. Pensava também, sem coragem de perguntar, por que não éramos católicos?

Fazendo uma ponte para os tempos atuais, pergunto a você, minha amiga leitora, se já reparou como poderíamos facilitar nossa vida se ousássemos fazer perguntas adequadas?

Tenho visto no decorrer do meu trabalho como terapeuta que muita gente nem sequer deseja perguntar ou esclarecer suas dúvidas para não se comprometer. Descobri que, afinal, saber das respostas nos responsabiliza a agir, seguir o que manda nossa consciência e quem sabe até mudar o rumo das coisas, e isso não é muito fácil, não é mesmo?

Fato é que ninguém me ensinou a rezar, e eu não sabia como perguntar, afinal, se não me ensinavam, deviam estar pensando que eu já sabia. Eu pensava que, se confessasse minha ignorância, perderia alguma coisa...

Apesar da família religiosa em que nasci, que sempre se reunia para fazer "passes espirituais", não era hábito ensinar essas coisas para as crianças... Nós ouvíamos as orações, mas não éramos propriamente ensinados a rezar. Como eu gostava desses momentos de introspecção, prestava atenção e repetia mentalmente as preces dos adultos. Hoje penso que, se por um lado isto foi ruim, por não saber muito bem como me portar frente àquele encontro com Deus, por outro foi bom, justamente porque o caminho que cada um escolheu para contatá-lo foi muito natural. Cada um de nós escolheu como praticar, entender e seguir ou não as sábias palavras.

Nesse tempo de criança pensava que "o pão nosso de cada dia" realmente se referia ao alimento, já que domingo, dia de oração, também era o dia da minha avó fazer pão.

Lá pela tardinha, bastava entrar em casa para sentir aquele perfume de pão assando tomando conta do ar. As pessoas ficavam, então, sentadas na cozinha esperando para ver finalmente aquela massa crescida e cintilante ser cortada e partilhada por todos e saboreada com um cafezinho preto passado na hora.

Fazendo um paralelo, acho que a oração funciona da mesma maneira. A oração é um pão... que precisa ser amassado para fermentar, crescer e finalmente assar. Depois, essa delícia poderá ser partilhada por aqueles que estão à espera para saboreá-la.

Hoje, no meu trabalho como terapeuta e conselheira, ensino constantemente essa sábia lição que mais uma vez a observação da culinária me trouxe: nada vem pronto!

Precisamos investir... Investir em tempo, atenção, aceitação e amor em nossa vida.

A prática da oração é um dos passos importantes para o desenvolvimento da nossa personalidade e das nossas conquistas. Porque oração é magia. É antes de tudo um canal de ligação entre a mente consciente e os mundos sutis. Assim, devemos ter coragem de assar os nossos próprios pães espirituais, pois desta forma o prazer de prová-los será infinitamente maior.

Rezar também é um ato consciente de entrega. Ao contrário do que a maioria das pessoas pensam, orar não é simplesmente deixar passar o tempo proferindo palavras que se evaporam; orar é pôr a mão na massa e agir junto ao nosso inconsciente. É pelo atrito da nossa mente consciente com a ação do fermento divino que o pão cresce dentro de nós, despertando a nossa força, nosso sabor e dando novos rumos aos caminhos perdidos do nosso inconsciente.

Quando aprendemos que Deus está dentro de nós, passamos a entender que quando dizemos:

"Se Deus quiser...", estamos dizendo, na verdade, se nós também quisermos.

A primeira lição da magia é: Ouse fazer o seu pão. Aceite o desafio de vê-lo crescer. Observe quais são seus fermentos na vida. Escolha adoçá-lo ou salgá-lo, mas lembre-se de que jamais poderemos ficar eternamente em cima do muro, vendo a vida passar e sem participar da festa, não fazendo nossas escolhas por medo de errar.

Assar o pão é acreditar em si mesmo.

Prová-lo é viver.

Não importa se você já errou alguma vez no sal, desejando ardentemente alguma coisa e depositando toda sua energia em algo que não deu certo. O que importa é que tentou. Tentar é como a prática da oração, não sabemos exatamente no que vai dar, mas não podemos deixar de fazê-lo.

Agora que temos a receita, é preciso só de coragem...

Dessa época trago recordações de pães maravilhosos que minha avó amassava falando da vida, contando histórias da sua juventude e cantando suas valsinhas. Hoje sei que havia muito amor em suas mãos, e talvez justamente por isso seus pães fossem tão saborosos.

Devo dizer que ela foi na minha vida um exemplo de mulher. Mãe e esposa que no seu tempo soube, apesar dos costumes restritivos da época, preservar sua individualidade, delimitar seus territórios e acreditar na sua força interior, coisa que todos nós devemos cedo ou tarde aprender a fazer.

Para você que está lendo, sugiro que, antes de mexer na massa, limpe o ambiente em que está trabalhando. Uma massa não cresce sem amor e, afinal, o que você está fazendo quando amassa um pão em sua casa, se não é colocar amor na sua comida para depois oferecer à sua família?

Então, antes de irmos aos pães, vamos à magia:

Conselhos Práticos de Magia: "Defumação, a Magia de Transmutar"

Se o ambiente estiver pesado, faça antes uma boa *defumação* como ensino a seguir:

Compre um turíbulo ou use uma latinha velha. Utilize um arame como alça, para que você possa segurar seu defumador como se fosse um balde.

Coloque alguns pedaços de carvão embebidos no álcool e acenda o fogo na boca do fogão. Quando estiver queimando em brasas, jogue as ervas de sua preferência. As mais usadas e conhecidas são: arruda, alecrim, manjericão, mirra ou incenso, guiné, espada-de-são-jorge, casca de alho.

Então, circule com o defumador por toda a casa, vindo dos fundos para a frente. Se já for noite, não esqueça de acender todas as luzes do ambiente. Todos os cantinhos são importantes. Dê atenção especial aos espelhos, pois eles guardam as impressões ali registradas.

Ao terminar de passar por todos os lugares, abra a porta da rua e, invocando proteção espiritual em voz alta, mande para fora todas as negatividades.

Minha avó dizia assim:

"Que saia tudo de nove a sete. De sete a cinco. De cinco a três. De três a um e de um a nenhum, em nome de Deus."

Enquanto defuma os ambientes, você deverá estar concentrado nas forças superiores. Poderá fazê-lo ao som de uma música suave ou repetindo em voz alta as orações que você conhece. Procure manter sua casa fechada. Depois de alguns minutos, poderá abri-la novamente, deixando um novo ar entrar.

Em seguida, tome um bom banho, pois, além do cheiro de fumaça, você poderá estar com algumas energias estranhas em seu campo áurico. Depois de apagar as brasas, jogue essa defumação fora, pode ser no lixo mesmo.

Quero lembrá-la que quem se irrita com o cheiro das ervas queimando é normalmente aquele que mais necessita dessa limpeza.

Banho de ervas para limpeza

1 punhado de manjericão;
1 punhado de arruda;
1 punhado de alecrim.

Em uma vasilha, coloque água para ferver como se fosse fazer um chá. Assim que levantar fervura, coloque as ervas – de preferência devem ser frescas – e tampe, deixando-as repousar por uns dez minutos. Coe e, depois do banho normal, complete com água do chuveiro e jogue no corpo do pescoço para baixo, mentalizando que todas as impurezas sejam retiradas de você.

Pães Feitos em Casa

Cuidado com a massa, porque o fermento é vivo e muito sensível às condições vibratórias. Caso o ambiente esteja contaminado com vibrações negativas, o pão simplesmente não cresce.

Às vezes culpamos as receitas, julgando que elas não estão corretas; na verdade o que mais influencia é o ambiente e o astral da pessoa que está fazendo. Se você não está se sentindo bem, não faça pratos complicados e evite mexer em fermentos, pois seus pratos correrão sérios riscos.

Sua energia vai para a comida, portanto, cuidado com os pensamentos porque esse tempero energético que eles representam pode fazer muito mal. Quando for mexer em massas, você pode antes lavar as mãos com sal grosso, pois ajuda bastante.

Cuide primeiro de você!

1. Pão de casa da Vó Cecília

Esta é a receita tradicional do pão feito em casa pela minha avó. Uma delícia!

1 quilo de farinha de trigo;
50 gramas de fermento para pão;
2 ovos inteiros;
1 xícara de chá de óleo;
1 xícara de água ou leite (se for necessário, acrescentar um pouco mais).

Amornar o leite. (A temperatura ideal é medida com o dedo mínimo. Você coloca a ponta do "dedinho" e, se suportar, está bom. Muita gente erra o pão porque acaba cozinhando o fermento.)

Acrescentar uma colher de sopa de sal e outra de açúcar.

Colocar a farinha, o óleo, os ovos e o leite com o fermento em um recipiente grande. Amassar bem e formar os pães. Deixar crescer por 20 minutos.

Amassar novamente e colocá-los em uma assadeira enfarinhada grande. Esperar aproximadamente 40 minutos e colocar para assar, em forno médio, por 30 minutos.

Rende quatro pães médios.

2. Pão de óleo

Bater no liquidificador:
4 ovos inteiros;
1 colher de sopa de sal;
1 colher de sopa de açúcar;
1 xícara de leite morno;
1 xícara de óleo;
4 colheres de fermento para pão.

Em uma vasilha grande, colocar esta mistura e ir adicionando farinha até dar o ponto. Fazer pães pequenos e colocá-los em uma assadeira pincelada com óleo e farinha. Pincelar os pães com um ovo inteiro batido. Deixar crescer por meia hora e levá-los para assar, em forno médio, por 25 minutos.

3. Pão de minuto

2 xícaras de farinha de trigo;
½ xícara de leite;
1 ovo inteiro;
2 colheres de sopa de margarina derretida;
1 colher de sopa de fermento para bolo;
Sal a gosto.

Amassar bem e formar pães pequenos. Se desejar rechear, abrir a massa com o rolo e espalhar uma pasta feita com um ovo inteiro, 50 gramas de queijo ralado e uma colher de sopa de margarina. Enrolar como rocambole e depois cortar as fatias, colocando-as para assar deitadas.

4. Pão enrolado

Adoro fazer pães recheados; servidos quentes, acompanhados por uma boa salada, fazem um jantar.

½ quilo de farinha de trigo;
1 xícara de café de óleo;
2 ovos inteiros;
2 colheres de chá de açúcar;
1 colher de chá de sal;
2 tabletes de fermento para pão;
1 xícara de leite morno.

Esta é uma massa básica para você rechear do que quiser. Às vezes substituo o leite por água.

Modo de fazer:
Desmanchar o fermento no leite morno e misturar a farinha e os outros ingredientes; sovar bem e deixar crescer.

Recheio:
½ quilo de tomates picados miúdos;
1 cebola picada;
bastante cheiro-verde picado;
Orégano, sal e pimenta a gosto.

Depois de meia hora, que é o tempo que você leva preparando o recheio, divida a massa em duas partes.

Abra a massa e coloque todos os ingredientes do recheio, estenda por cima queijo tipo muçarela fatiado. Faça então os rocamboles e coloque a massa em uma assadeira untada e enfarinhada. Pincele a massa com um ovo batido e, por cima, polvilhe queijo ralado ou gergelim. Deixe repousar por mais meia hora para o segundo crescimento.

Asse por 20 minutos em forno médio, preaquecido.

Fica uma delícia esse pão recheado com escarola refogada, ricota temperada com cheiro-verde. E o que mais você inventar.

5. Pão de batata da Vó Cecília

Este pão fica uma delícia se a massa for misturada com ervas frescas, experimente!

½ xícara de leite morno para dissolver o fermento;
50 gramas de fermento para pão;
1 colher de sobremesa de sal e outra de açúcar;
2 ovos inteiros;
1 xícara de óleo;
1 ou 2 batatas grandes cozidas e bem amassadas;
Farinha de trigo até dar ponto.

Ir colocando nos ingrediente líquidos a batata e depois a farinha. Amassar bem e formar pães médios para que fiquem bem macios. Pincelar com 1 ovo batido, e, servindo quente, ficará uma delícia se recheado com requeijão. Você pode substituir a batata por mandioca cozida, e até por mandioquinha (conhecida também por batata baroa).

Assar por 20 minutos em forno médio preaquecido.

6. Pão de queijo de liquidificador

Este pão de queijo fica parecendo um biscoito, crocante e sequinho. É mais gostoso quando saboreado quente porque o recheio fica levemente úmido. Faça na hora do lanche. Fica pronto em um minuto.

1 xícara de leite frio;
1 xícara de óleo;
3 ovos inteiros batidos;
3 xícaras de polvilho doce;
100 gramas de queijo ralado;
Sal a gosto.

Bater tudo no liquidificador. Levar para assar em forno moderado, em formas de empadinha untadas com óleo. Servir quente. Fica na consistência de biscoito de polvilho.

7. Pão de queijo tradicional

3 e ½ xícaras de leite;
1 e ¼ xícara de óleo;
1 e ½ colher de sopa de sal;
6 xícaras (1 quilo) de polvilho azedo;
8 a 10 ovos (ir colocando aos poucos até dar ponto de enrolar);
5 xícaras de queijo meia cura ralado;
Ferver o leite, óleo, sal.

Coloque o polvilho em uma tigela e escalde com os ingredientes líquidos. Junte o queijo e os ovos um a um, até dar o ponto. Não grudar nas mãos.

Assar em forno médio para forte, até dourar.

Você pode fazer pequenas bolinhas e congelar para assar em outro dia.

2

Um, Dois, Feijão com Arroz

O prato de arroz e feijão constitui a alimentação básica da maioria dos brasileiros, da mesma forma que o carinho e o respeito são os ingredientes mais importantes para a felicidade no convívio familiar.

Até hoje adoro arroz com feijão. Não é apenas o prato predileto da maioria dos brasileiros, mas um dos fortes elos que dão cara ao nosso povo.

Nas viagens que fiz ao exterior, o que mais me dava saudade era o prato de arroz com feijão, acompanhado daquele trivial simples que cada pessoa incorpora como mais lhe aprouver ao seu dia a dia.

Quando estava fora, pensar no arroz com feijão era pensar na minha casa, na minha intimidade, no meu quarto e até na minha cama. Parece que quando estamos distantes é que percebemos como essas coisas fazem falta... Acredito que os nossos costumes refletem a segurança do nosso lar, onde podemos ser nós mesmos.

Sempre falo para meus clientes e amigos que em casa é que costumam acontecer as maiores brigas e os maiores resgates; afinal de contas, diz a sabedoria popular que família não se escolhe... Sabemos, no entanto, que espiritualmente não é bem assim que acontece. Nossa alma, antes de encarnar, junto com os mentores que estão cuidando da nossa evolução, sabe de todos os reencontros que irá vivenciar na vida terrena. Não é bem que escolhemos estar com as pessoas que irão formar a nossa família, mas por um comum acordo encarnamos juntos para aprender nossas lições. Infelizmente, muitas vezes queremos desistir desse aprendizado, afinal as provas não são fáceis. É comum ver filhos que não respeitam os pais, e vice-versa.

Parece que como sinônimo de relaxar, de ficar à vontade porque estamos junto de pessoas conhecidas, acabamos por abusar da intimidade e acabamos nos ofendendo, falando demais e até cometendo certos abusos.

Achamos ainda ingenuamente que depois de uma briga, um bate-boca, a vida volta ao normal e continuamos nossas tarefas como se nada tivesse acontecido. Será mesmo que temos o direito de ofender as pessoas e sermos ofendidos por elas? E onde ficam as mágoas e ressentimentos?

Como a maioria, não cresci sabendo pôr limites e, por isso, enfrentei grandes dificuldades em minha vida. Dificuldades que hoje sei que se tornaram grandes justamente porque não aprendi dizer "não". Sei bem que tudo poderia ser evitado se eu tivesse dito "não".

Esta é a segunda lição da magia: Diga "não".

Quando for preciso, quando sentir mágoa, quando seu filho não souber quando parar em suas reclamações ou pedidos impossíveis. Por favor, minha amiga, diga um sonoro "não".

Pessoas que não dizem "não" acabam sendo imprevisíveis e agressivas, justamente porque quando finalmente manifestam suas opiniões, o caldo já entornou faz tempo.

Um mundo sem "nãos" é um mundo também sem "sims" porque a sua anuência não quer dizer que você concorde com o que acontece na sua vida. Quer dizer apenas que você não sabe fazer outra coisa. Significa que você não tem autoestima o suficiente para dizer não. E assim você concorda e aparentemente aceita o que está à sua volta.

É preciso ter coragem para dizer "não", assim como é preciso também ter coragem para dizer "sim".

Meu primeiro casamento aconteceu justamente em uma condição em que abri mão do meu poder. Não disse "sim", apenas permiti que as circunstâncias fossem maiores que eu e que a minha vontade. Renunciei covardemente às minhas convicções.

Como vim de uma família que adorava discussões, e isso me perturbava muito, fugi desse treino maluco. E não aprendi a discutir... Talvez porque aqueles constantes atritos me causassem muita ansiedade e medo, tentei não levar isso para a minha vida adulta, mas não coloquei nada no lugar.

Meu pai, pessoa que amei profundamente, era descendente de italianos e quando se casou, desejoso de constituir uma grande família, convidou meus avós maternos para morar com eles. Resumindo o fato, todos palpitavam e se intrometiam na vida do outro, o que não permitia que houvesse territórios delimitados. Devo dizer que isso não acontecia de forma agressiva ou autoritária, apenas acontecia...

No entanto, para minha sensibilidade, aquela família tumultuada me levou a buscar harmonia e compreensão, e tive de dedicar muitos anos de terapia e estudos espiritualistas para que eu aprendesse que existe um espaço para cada um de nós, e esse espaço precisa ser respeitado. Hoje sei que não é apenas individualismo ou mesmo egoísmo, como alguns acreditam, é sobrevivência.

Afinal, nascemos com um nome, com um corpo com suas singularidades e por isso mesmo precisamos expressar nossas singularidades, precisamos nos exercitar para ser quem nós somos.

Como no caos se projetam também as esperanças, aprendi com essa minha estranha família a projetar minha personalidade – introspectiva, pensativa, inquiridora, mas ao mesmo tempo alegre e esperançosa como sou até hoje.

Fui criada sem dogmas ou regras fixas, o que refletiu em toda minha existência, ora como insegurança, ora como liberdade. Anos depois ouvi de um mentor que o mal serve ao bem. Assim concluo que tudo em nossa vida tem um porquê, e o lado positivo das coisas pode sempre ser aproveitado.

A mediunidade e o contato com os planos sutis, talvez meu traço mais marcante, vieram comigo e fizeram parte da minha vida desde criança. Lembro que sentir a presença de espíritos era coisa normal para mim... Às vezes minha avó comentava no café da manhã a visita que ela havia recebido na noite anterior, e normalmente eu e minha irmã também tínhamos passado boa parte da madrugada acordadas com o infeliz hóspede nos atormentando. Isso me deixava apavorada, porque afinal assombração, mesmo que se trate de gente conhecida, sempre provoca desconforto e medo.

Nessa época tumultuada da minha infância, meu pai fazia suas incursões no regime macrobiótico e naturalista, enquanto meu avô continuava insistindo que era preciso comer carne, linguiça, bucho e todas essas especiarias dos tempos em que ele era um tropeiro no sul do país. Não preciso dizer que as discussões eram por demais acaloradas e quase sempre aconteciam na mesa do almoço porque era o ponto de reunião familiar, onde os dois mediam forças, tendo minha avó como mediadora.

Eu e meus irmãos nos sentíamos perdidos, sem saber o que era certo. Não queríamos ver brigas, mas como isso era frequente também sabíamos que não daria em nada, só um pouco de tempero extra no dia a dia. Acho que era uma espécie de divertimento para o meu pai colocar em xeque as opiniões do meu avô.

Dessa época me lembro dos almoços e jantares cheios de pratos caipiras que vou partilhar com você. O arroz e o feijão eram apenas parte dessa história conflituosa familiar. Como não podia faltar em nossa mesa, havia muito virado, omeletes, sopas e picadinhos, tudo isso regado com muito carinho, pimenta preparada em casa e discussões filosóficas sobre o destino da humanidade – o que era bem engraçado, porque em uma família tão cheia de conflitos, o que poderia significar um conflito no Oriente Médio?

Conselhos Práticos de Magia: "Seus Utensílios na Cozinha..."

Minha cozinha é o meu reino, sugiro que você procure criar esse espaço à sua volta. O que é preciso então para seu reinado?

Na minha cozinha não uso para cozinhar nenhuma colher que não seja de pau. Aprendi que o metal neutraliza as energias que colocamos na comida. As panelas são também instrumentos muito importantes. Escolha as suas com muito carinho e atenção.

Não é preciso ir a uma loja e comprar tudo novo... Por favor, queremos que nossa cozinha tenha história, e por que não dizer personalidade?

As louças são escolhidas não apenas pela beleza ou praticidade, e sim porque você gostou delas. É importante gostar. É importante sentir que aqueles instrumentos manuseados por você diariamente sejam do seu agrado.

Sua cozinha é o seu território, venha dando a sua cara e colocando a sua personalidade desde as pequenas coisas.

A grande magia é fortalecer a crença em você mesma, e no seu poder pessoal, que na cozinha se expande para seus pratos e alimentam sua família. O despertar da magia começa na cozinha e nas magias que você faz diariamente sem perceber, enquanto inventa seus pratos...

Se sua cozinha ainda não tem seu toque pessoal, trabalhe nisso... E, por favor, compre uma colher de pau!

Sortilégio para imantar sua colher de pau

Escolha uma colher de pau com o tamanho adequado para ser usada diariamente. Se desejar, imante duas colheres de pau. Uma servirá para doces e outra para salgados.

Em uma panela coloque então:
1 fio de óleo;
1 pitada de sal;
1 pitada de açúcar;
Cubra até a metade da panela com água.

Acenda o fogo e fique mexendo essa mistura até ferver, concentrando-se na sua própria luz, pedindo aos espíritos superiores que se aproximem de você e a orientem nos seus caminhos espirituais. Depois disso, jogue a mistura em água corrente e peça para se libertar do passado. Dessa maneira sua colher de pau está pronta para lhe servir...

TRIVIAL SIMPLES

Não somos feiticeiras apenas quando nos vestimos como tal ou preparamos algum feitiço especial. A magia é um ato diário, e onde exercemos essa função é na cozinha. Cozinhe então com magia. Prepare seus pratos com carinho e atenção aos detalhes, é isso que fará de você uma pessoa especial. Use e abuse do poder das ervas, pois cada uma delas tem uma função espiritual. Evite os temperos prontos, faça o seu.

Alguns pratos ficam ótimos com orégano, outros não, é preciso treinar sua sensibilidade e escolher a erva que melhor combina para temperar.

Uma bruxa é alguém sensível e aberta à sua própria intuição...
Boa sorte! E boa bruxaria!

1. BOLINHO DE ARROZ

1 xícara de arroz cozido;
½ xícara de óleo;
½ xícara de leite;
1 ovo inteiro;
Farinha de trigo para engrossar;
1 colher de chá de fermento de bolo.

Misturar tudo em uma vasilha, acrescentar a essa mistura cheiro-verde picadinho, pimenta-do-reino e sal a gosto.

Este bolinho é frito às colheradas em óleo quente.

2. VIRADO DE FEIJÃO À MODA CAIPIRA

2 xícaras de feijão cozido;
1 xícara de água;
½ xícara de azeite;
1 dente de alho moído;
1 cebola média picada;
250 gramas de farinha de milho;
Cheiro-verde.

Refogar o alho moído e a cebola picada no azeite, em seguida colocar o feijão já cozido para retemperá-lo. Acrescente a água e deixe ferver. Quando estiver fervendo, coloque aos poucos, para não empelotar, a farinha de milho, até a mistura ficar bem grossa. Por último, adicione o cheiro-verde picado.

3. Virado de ovo

1 ovo inteiro;
Farinha de milho;
Sal a gosto.

Em uma frigideira antiaderente, frite o ovo com pouco óleo, mexendo bem. Depois acrescente a farinha de milho, o sal e, se quiser, um pouco de pimenta-do-reino. Fica uma delícia para comer com arroz.

4. Couve-flor à milanesa

Cozinhar em água fervendo uma couve-flor pequena separada em gomos. Quando retirar da água, temperá-la com sal, orégano e pimenta-do-reino.

Bater muito bem um ovo inteiro, duas colheres de sopa de leite e três colheres de sopa de farinha de trigo. Passar nessa mistura os gomos da couve-flor, e depois na farinha de rosca.

Fritar em óleo quente.

5. Curau da minha terra

Na cidade onde nasci, Itararé, no interior do estado de São Paulo, o costume é um curau salgado em forma de sopa.

3 espigas de milho fresco;
1 cebola grande picada;
Cheiro-verde picado;
Alho socado;
Sal e pimenta-do-reino a gosto.

Bater no liquidificador o milho que você (com uma faca afiada) tirou da espiga e um pouco de água.

Em uma panela grande, refogar a cebola picadinha e o alho; em seguida, colocar o milho-verde batido e cozinhar por alguns minutos. Quando o cozido estiver pronto, acrescente o cheiro-verde. Pode ser que durante o cozido você precise acrescentar um pouco mais de água. Faça isso e não se preocupe, pois não vai perder o ponto.

6. BOLINHO DE BATATAS

Cozinhar cinco ou seis batatas médias com casca. Ainda quentes, fazer delas um purê e acrescentar sal, cheiro-verde e pimenta-do-reino a gosto. Deixar esfriar.

Para o recheio, use queijo tipo muçarela cortado em cubinhos.

Faça então os bolinhos, passe no ovo batido e em seguida na farinha de rosca. Se a batata for boa, o bolinho não abre. Procure não acrescentar farinha de trigo, para não desandar.

Frite em óleo bem quente e sirva em seguida.

7. SUFLÊ DE CHUCHU

2 ou 3 chuchus cozidos e amassados ainda quentes.
Fazer um molho branco com:
1 cebola média picada e refogada em 3 colheres de sopa de óleo;
3 colheres de sopa de farinha de trigo;
1 copo de leite;
lascas de noz-moscada para dar gosto.

Lentamente deixar engrossar; acrescentar uma a uma as gemas de ovos e um pacote de queijo ralado. Acrescentar a esse molho o chuchu e as claras batidas em neve firme, com uma colherinha de fermento para bolo.

Levar para assar em forno médio, preaquecido por 20 minutos.

8. OMELETÃO

2 ou 3 ovos (separar as claras batidas em neve firme);
2 colheres de sopa de leite;
3 colheres de farinha de milho;
1 colher de farinha de trigo;
1 colher de sobremesa de fermento para bolo.

Em uma tigela, misturar bem as gemas de ovo, acrescentar o leite, a farinha de milho, a farinha de trigo, sal e pimenta-do-reino a gosto. Nessa mesma tigela, colocar cebola cortada em rodelas finas, salsinha picada e fatias bem finas de pimentão. Por último, acrescentar com muita leveza as claras em neve e o fermento.

Colocar a mistura em uma frigideira antiaderente com um pouco de óleo e deixar fritar por alguns minutos. Com a ajuda de um prato, desenformar a fritada e virá-la para fritar do outro lado. Você poderá rechear com o que quiser. Na Semana Santa, minha avó costumava usar sobras de bacalhau.

3

Legumes à Italiana

Às vezes, o que aparentemente é um caos na nossa vida é uma experiência importante e cheia de aprendizados, como um cozido de legumes, o que importa é o tempero que colocamos na vida para tornar o sabor agradável.

Minha alma estava apertada no meu corpinho de apenas 8 anos de idade, porque estava deixando tudo que era conhecido para trás. Cresci e vivi minha tenra infância em uma cidade pequena no interior do estado de São Paulo, e agora estava indo morar na capital...

Meu mundo à época era minha família, o que não deveria me deixar tão insegura com a mudança, pois afinal ela estava indo comigo, mas era tudo tão novo e assustador que simplesmente o medo tomava conta.

Como acontece muitas vezes na vida das pessoas, eu não entendia o que estava sentindo. Minha mente estava confusa e meu coração oprimido com a assustadora presença imposta pelo novo ambiente.

Meu pai, que estava sendo o pivô dessa enorme transformação familiar, estava feliz e sorridente, pois ele voltava ao seu habitat natural, uma cidade grande, um mundo sem fronteiras. Itararé, minha cidade natal, não era o suficiente para os sonhos dele.

Papai era um mineiro charmoso de olhos fundos, negros e pensativos. Com uma mente brilhante e inquieta, nunca se permitiu viver como as outras pessoas, aproveitando-se da estabilidade que os restritos caminhos como funcionário de uma das mais seguras instituições nacionais lhe ofereciam. Nada disso era suficiente para seus anseios criativos. Mesmo na vida pessoal ele não deixava de ser um jogador; seu gosto pelo xadrez, esporte que o consagrou como mestre internacional, penetrou em todas as áreas de sua vida. Funcionário do Banco do Brasil, sim, prisioneiro de suas restrições, jamais. Pensando assim ele pediu transferência para São Paulo, e em busca dos sonhos dele chegamos à capital.

Nunca vou me esquecer do nosso primeiro dia em São Paulo. A tarde chuvosa foi o pano de fundo para conhecermos o sobrado antigo que meu pai havia alugado no bairro das Perdizes. Tudo era tão novo e assustador que não me permitia enxergar que aquela casa era antiga e malcuidada. Minha mãe, que como eu não foi educada para dizer não, não falou do seu descontentamento, mas seu olhar perdido no teto cheio de goteiras que o ornamentavam, junto com um antigo lustre de cristal que no seu tempo deveria ter servido para iluminar encontros dos antigos moradores, demonstrava sua infelicidade.

Desde cedo eu temia pelos elos que uniam meus pais. Parece que eu sabia que crianças não mantêm casamentos... e, apesar disso, tentava o tempo todo fazer meus pais felizes. Queria a qualquer custo que eles ficassem juntos.

Claro que minha mãe tinha seus motivos de descontentamento, e meu pai também, pois enquanto ele acreditava em sonhos, ela se ocupava de manter a vida estável. Morar naquela casa talvez tenha sido para minha mãe a maior prova de amor... No interior, deixamos um lar confortável, com paredes pintadas de verde, como ditava a moda, e um futuro controlável, para trocarmos por uma casa onde moraríamos por apenas seis meses e um futuro cheio de fatos inesperados.

Meu pai dizia que seu crescimento profissional exigia que ele estivesse na capital, e além disso também moraríamos mais perto de sua família, que à época residia no Rio de Janeiro.

Foi um tempo de conhecimentos, novidades e inseguranças. Logo na primeira noite, minha mãe me vestiu com carinho para enfrentarmos mais uma grande novidade: "Comida Chinesa", dá para acreditar, oferecer comida chinesa para duas crianças assustadas?

Não preciso dizer que essa excursão prematura ao mundo oriental transformou-se em um grande desastre, pois afinal estávamos todos perturbados com as transformações e cheios de ansiedade. Esse estado de espírito de jeito nenhum combinava com os exóticos temperos dessa culinária ancestral, e fizeram com que eu e minha irmã passássemos a noite inteira sem dormir. Minha mãe disse que era por causa dos temperos diferentes.

Aprendi que a alimentação não vem apenas da comida que nosso corpo ingere, mas de tudo aquilo que absorvemos a nossa volta. Hoje sei que nos alimentamos da música que ouvimos, das palavras que lemos, das vibrações que sentimos. Somos como uma esponja absorvendo tudo o que está a nossa volta.

Devo dizer que ainda que intuísse esta verdade, que anos depois iria comprovar estudando os ensinamentos de **Sai Baba**, muitas vezes não pude evitar o desconforto que sentia. Sofri durante anos captando as energias que o mundo me oferecia, e constantemente passava mal do estômago sem ter a mínima ideia do que acontecia. Minha sensibilidade fazia-me captar as energias em qualquer encontro, ou novo ambiente, quase sempre trazendo desconforto.

Como meus pais não conheciam São Paulo, foram fazendo experiências morando em casas diferentes, o que exigiu que eu fosse matriculada em várias escolas. Não preciso dizer que me tornei uma criança isolada, não tinha tempo de cultivar amizades... Foi muito triste, pois vivia sempre solitária no meu mundo, e muito insegura. Como não tinha amigos, convivia demais comigo mesma, o que acabava por me afastar ainda mais das outras crianças.

Hoje sei o quanto é importante trabalharmos em nossas vidas a aceitação da nossa individualidade. Simplesmente não vivemos sem nos aceitarmos. Comemos, dormimos, conversamos com as pessoas, mas sem a aceitação fazemos tudo isso de forma mecânica. Sem nos aceitarmos, estamos afastados de Deus. Quando não nos aceitamos, também não aceitamos o que Deus nos deu para ser quem somos. E esquecemos que essa singularidade é tudo de que precisamos para ser felizes.

Você, querida amiga leitora, já pensou se todas as pessoas fossem iguais a você... Não seria tudo muito chato e monótono? Então, viva a diferença!

Meu pai viveu integralmente sua diferença... Seus gostos diferentes, suas crenças diferentes, e hoje sou obrigada a dizer que foi a melhor herança que ele poderia ter nos deixado. Eu e meus irmãos aprendemos muito convivendo com temperamentos tão díspares dentro de casa. Claro que tivemos de aprender e desenvolver em nossas vidas a segurança... mas fomos forçados a descobrir que a segurança vem de Deus, e não da família carnal.

Descobri que os pais podem errar!

Graças a Deus os pais podem errar....

Quando temos nossos filhos e experimentamos a responsabilidade de educar, finalmente liberamos nossos pais da culpa e do erro; finalmente também aceitamos que errar é humano.

Em São Paulo, além de experimentar a comida chinesa, passei a conviver mais com a família do meu pai. Vieram então para minha vida novas histórias, novos temperos, novas crenças.

Meu pai era descendente de italianos e adorava uma boa mesa. Minha avó paterna, que não cheguei a conhecer, deixou muitas receitas que minha tia Gisela ensinou à minha avó Cecília e à nossa empregada. Como sempre eu estava na cozinha especulando o vaivém criativo dos novos pratos e sabores.

O jeito mineiro disfarçado sob o sotaque carioca de minha tia não escondia uma personalidade forte e criativa, que ficou resguardada no seio familiar, pois essa talentosa pianista e cozinheira criativa nas horas vagas acabou não se casando e, de certa forma, não expandindo sua luz.

Acredito que mesmo um mau casamento expande nossa personalidade, pois afinal a mulher deve viver sua própria história. Naquele tempo isso era possível somente por meio do casamento. Hoje podemos felizmente optar. Pessoalmente ainda acredito no casamento por se tratar de uma relação duradoura.

Compartilhando nossa vida com alguém aprendemos a dividir, partilhar e até defender nossas posições; conviver com alguém intimamente oferece esse crescimento.

Com a entrada da família do meu pai no nosso convívio, conhecemos novos temperos e sabores que foram incorporados ao cardápio trivial. O manjericão foi uma das ervas que conheci nessa época, e será a tônica das receitas que passo a seguir.

Estar e viver em São Paulo foi para todos nós como um novo casamento. Com o passar dos anos, aprendemos a nos relacionar com essa cidade, suas muitas injustiças e também seus grandes encantamentos, pois em São Paulo encontramos todas as raças, crenças, temperos e sabores.

Conselhos Práticos de Magia: "Banhos"

Eu, que por tantos anos comprovei que tudo é energia, posso dizer que os banhos de ervas atuam fortemente no plano sutil, limpando as negatividades à nossa volta e cobrindo o nosso corpo energético, também conhecido como campo áurico.

Aprendi que no nosso corpo sutil se agregam energias de todos os ambientes que frequentamos e também das pessoas que estão à nossa volta. Isso sem contar as energias que criamos dentro de nós a partir da força incontida do nosso pensamento.

Saiba, minha querida leitora, que um pensamento vicioso e negativo poderá causar grandes problemas, até a sua saúde pode ser prejudicada.

Os banhos atuam justamente no inconsciente, limpando essas sujeiras que estão espalhadas no astral. E, às vezes, antes das ervas, é preciso que usemos o sal grosso, pois sua atuação é ainda mais forte, retirando o peso das negatividades. Observe:

BANHO DE SAL GROSSO: CONHECIDO TAMBÉM COMO BANHO DE DESCARREGO

1 colher de sopa cheia de sal grosso comum (sal para churrasco);
1 xícara de água quente para dissolver o sal.

Em uma vasilha com água fervente, acrescente três punhados de sal grosso. Leve a vasilha para o banheiro e complete com água quente do chuveiro. Tome banho normalmente e, quando terminar, jogue do pescoço para baixo o banho de sal grosso, pedindo que seus protetores espirituais tirem do seu campo todas as raivas, tristezas, dores e negatividades.

Em casos mais difíceis, como dores localizadas, você pode esfregar no local um punhado de sal grosso enquanto faz uma prece.

O banho de sal grosso é um banho muito especial. No plano sutil, é como se mergulhássemos em um grande cristal branco, pedindo pela purificação do astral.

BANHO DE MANJERICÃO PARA ATRAIR OS ANJOS

Todos os banhos de ervas são preparados como uma infusão. Coloque água para ferver e, depois de fervida, acrescente as ervas da sua preferência; desligar o fogo e deixar repousar com a tampa por alguns minutos.

1 ramo de manjericão fresco;
1 rosa branca;
1 colherinha de chá de mel.

Este banho trará a você uma energia muito positiva. Quando quiser pedir alguma coisa a alguém, talvez um emprego, por exemplo, tome um banho com manjericão. Você continuará sendo você, mas sua alma será limpa e adoçada pelo poder dessa planta.

Aproveite e faça uma prece, porque colocar nas mãos de Deus sempre é mais leve que carregar o peso dos nossos sonhos apenas nas nossas costas.

Mudando o Sabor

O que não faz o manjericão?

Esta é uma boa pergunta, pois além de aromatizar qualquer molho, essa erva trazida para o Brasil pelos italianos é responsável pela mudança da frequência vibratória de quem dela fizer uso.

Na Índia o manjericão é uma erva sagrada; conhecido por aquele momento como Tulsi, é plantado no lado de fora dos templos formando uma bela touceira.

Os sacerdotes cuidam dela com orações especiais porque é consagrada ao Deus *Vishnu,* responsável pela manutenção do mundo. Na trilogia hindu, *Bramã* constrói, *Vishnu* mantém e *Shiva* destrói para transformar.

Na minha primeira visita à Índia descobri o poder mágico do manjericão, e hoje faço amplo uso dessa erva em banhos e defumações, além é claro de usá-lo em abundância na minha comida. Tempero até triviais saladas com manjericão, pois adoro o seu sabor inconfundível.

Molho tipo pesto

Este molho pode ser usado em massas ou até mesmo servido com torradas. Você pode também experimentar passá-lo em fatias finas de pão amanhecido e levá-las ao forno para torrar; servir quente ou enfeitando saladas verdes.

1 xícara de manjericão;
6 nozes;
1 xícara de queijo parmesão ralado;
3 dentes de alho amassados e levemente refogados no azeite de oliva.
Bater tudo no liquidificador, acrescentando azeite o suficiente para bater.

Cuidado com o alho e a cebola crus!

Já havia comprovado que tanto o alho como a cebola crus são muito indigestos. Achei interessante o fato de há algum tempo um amigo hare krishna ter sido categórico em dizer que sua dieta não permitia comer esses alimentos, pois até então não tinha encontrado nenhum sentido mais objetivo. Tempos depois, conversando com o dr. Walter Labonia Filho, médico homeopata, descobri que realmente o alho e a cebola crus não são muito recomendados, pois causam gases e desconforto.

Felizmente esses temperos quando refogados ou levemente cozidos não fazem mal algum, assim não precisamos nos privar do seu inconfundível sabor.

Walter, obrigada pela preciosa dica.

1. LEGUMES À ITALIANA

1 abobrinha grande;
1 beringela grande;
4 batatas médias;
4 tomates maduros;
1 ou 2 cebolas grandes;
½ maço de cheiro-verde picado;
½ xícara de manjericão picadinho;
1 dente de alho amassado;
1 folha de louro fresca;
10 azeitonas pretas descaroçadas;
Sal, pimenta, orégano a gosto.
Queijo parmesão ralado e farinha de rosca para confeitar.

Corte todos os ingredientes em rodelas médias, não as deixe muito grossas, pois o tempo de cozimento de cada legume é diferente. Usando uma panela baixa e com tampa, regue com azeite de oliva o seu fundo e coloque primeiramente o tomate, que irá formar um molho suave, em seguida, cebola e cheiro-verde. Depois, vá ajeitando todos os ingredientes em camadas, intercalando com tomates e cebola. Não esqueça também de ir salgando e acrescentando orégano em cada camada. Por último, regue com bastante azeite e cubra com queijo ralado misturado com farinha de rosca.

Cozinhe na boca do fogo, com um suporte para não grudar no fundo, em temperatura média. Não mexa este cozido. Vez por outra chacoalhe a panela para o ingredientes se misturarem levemente. Com um garfo veja se as batatas estão cozidas. Sirva quente, acompanhado com arroz branco.

2. FEIJÃO PRETO DA TIA GIZELA

½ quilo de feijão cozido;
1 giló cortado em cruz.

Quando o feijão estiver cozido, refogue com azeite de oliva; 1 cebola picada bem miudinho; 1 dente de alho esmagado. Para servir, acrescente meia xícara de manjericão picado e meia xícara de cheiro-verde. Sal a gosto.

Fica uma delícia acompanhado de farofa de banana e arroz.

3. Faroea de Banana

1 cebola grande picada;
¼ de xícara de óleo;
2 xícaras de farinha de mandioca;
2 bananas-nanicas cortadas em rodelas;
½ xícara de cheiro-verde;
Sal e pimenta-do-reino a gosto.

Em uma frigideira grande, refogue a cebola. Quando estiver dourada, acrescente a farinha de mandioca e vá torrando, mexendo sempre com uma colher de pau. Quando já estiver no ponto, coloque as rodelas de banana e, por último, o cheiro-verde.

4. Beringela da Tia Beatriz

Cortar em tirinhas e assar com 1 xícara de azeite de oliva:
3 beringelas;
1 pimentão vermelho e 1 verde.
Acrescentar quando o assado ainda estiver quente, na seguinte ordem:
1 cebola média cortada em rodelas finas e lavada em água corrente para tirar o ardido;
½ xícara de uva-passa;
½ xícara de alcaparras;
½ xícara de champignon;
½ pimenta dedo-de-moça picada em rodelas fininhas;
1 xícara de cheiro-verde picado;
½ xícara de vinagre.

5. Pizza de Pão

1 pão italiano cortado em fatias;
1 xícara de molho de tomates em pedaços;
200 gramas de queijo tipo muçarela;
Folhas frescas de manjericão para enfeitar.

Em uma assadeira grande untada com óleo, coloque as fatias de pão arrumadas lado a lado. Vá colocando um pouco de molho de tomate em cada uma das fatias e cobrindo com queijo e uma folhinha de manjericão.

É um delicioso aperitivo. Aproveite par usar as sobras de pão. A boa cozinheira sempre está inventando moda e aproveitando as sobras. Neste prazer em recriar é que reside a alquimia.

6. Tortinha de Tomate

Para a massa, misture:
2 xícaras de farinha;
1 xícara de queijo ralado;
3 ovos inteiros;
1 xícara de leite;
½ xícara de óleo;
1 colher de sopa de fermento em pó;
Sal a gosto.
Dispor em uma assadeira tamanho médio, untada e enfarinhada.

Por cima da massa, colocar uma mistura tipo vinagrete:
5 tomates picados sem as sementes;
1 cebola picadinha;
1 xícara de cheiro-verde;
Sal, orégano e manjericão fresco picado a gosto.
Temperar com óleo de oliva e pimenta-do-reino.
Assar por aproximadamente 20 minutos em forno médio.

7. Patê de Cenoura

½ quilo de tomate;
2 cenouras grandes cozidas;
4 pimentões;
1 pimenta vermelha;
100 gramas de azeitonas verdes sem caroço;
1 ovo inteiro;
1 copo de leite;
½ copo de óleo;
3 dentes de alho;
1 cebola grande picada;
Sal, orégano e pimenta-do-reino a gosto.

Bater tudo no liquidificador e levar para cozinhar com três folhas de louro até que a mistura se despregue da panela. Rende um vidro grande e pode ser guardado na geladeira por uma semana. Se você quiser, também pode dividir em várias porções e congelar.

8. Bolinho falso camarão

1 cebola grande;
1 maço de cheiro-verde;
½ quilo de tomates;
3 colheres de sopa de manteiga;
1 ovo inteiro desmanchado em 1 copo pequeno de leite.

Picar bem miudinho e cozinhar como se fosse um molho de tomates com leite. Por último, vá juntando a farinha de trigo até ver o fundo da panela. Quando retirar do fogo, acrescentar meia xícara de manjericão picado, deixar esfriar para fazer as bolinhas que serão passadas no ovo e na farinha de rosca antes de fritar.

9. Risoles

1 copo de farinha de trigo;
1 copo de leite;
1 colher de sopa de margarina;
1 pitada de sal.

Leve ao fogo, mexendo sempre até despregar do fundo da panela. Depois de frio, abrir a massa com o rolo e cortar utilizando um copo. Os pastéis ficam uma delícia recheados com queijo *catupiry*.

4

Cobertura para Festa

Muitas vezes procuramos adoçar a vida para melhorar o sabor das experiências, para isso também servem as coberturas dos bolos, que enfeitam, adoçam e escondem os buraquinhos.

O terreno era inóspito, cercado de mato alto que aparentava não ser cortado há muito tempo, ainda assim meu pai conseguia olhar para ele e ver uma bela casa ali construída. Eu, assustada, me espremia no banco traseiro do carro sem querer descer para apreciar a vista. Estava claro que mais uma grande mudança estava à nossa espera.

Minha avó, carregando minha irmã no colo, olhava desconfiada para o mato à sua frente fazendo de conta enxergar o que era apenas um sonho, já o meu avô, como era dado a aventuras, já tinha subido na parte mais alta do terreno e disse gritando para ser ouvido:

– Antônio, isso não vai dar certo. Por que você não compra uma casa pronta?

Meu pai propositadamente fingiu não entender, e com o olhar vago respondeu:

– O quê?

Minha avó, tentando dar um rumo melhor aos planos do meu pai, disse contemporizando o que ela e eu também avistamos como mais uma acalorada discussão entre os dois:

– Antônio, o Joãozinho disse para você comprar uma casa pronta!

De nada adiantou, meu pai não iria mudar seus planos, tampouco ouvir os conselhos do meu avô. Em seguida, entraram todos no carro em silêncio para se juntar a mim, que já estava quieta e pensativa. Continuamos mudos durante todo o percurso até a Av. Pompeia, onde meu pai havia comprado e reformado uma bela casa, para abrigar sua grande família.

Meu irmão acabara de nascer, o que trouxe muita alegria para minha alma, que sentiu seu nascimento como um verdadeiro reencontro. Por outro lado, ele vinha em um momento difícil em que eu sentia perder o que nunca cheguei a encontrar, que era a sensação de viver em um lar. Minha casa era o ponto de encontro de toda a família, sem privacidade, onde todos tinham espaço para defender suas opiniões e na verdade ninguém encontrava o que todos mais procuram, que é o real sentimento de aconchego.

Os anos 1970 explodiam em conceitos libertadores, enquanto a casa na Rua São Gall era construída. E nessa que foi a época do desabrochar da contracultura, os livros de xadrez do meu pai se misturavam aos livros sobre esoterismo, yoga e filosofia oriental, fazendo minha mãe desenhar uma expressão contrariada em seu rosto, enquanto os empilhava para preparar nossa mudança. Sentada ali no chão ao seu lado, eu ajudava a empilhar papéis e pensava por que ela não gostava do Guru Maharaj Ji.

Todos os sábados e às vezes também em dias da semana eu acompanhava meu pai às reuniões espirituais. Na época nem imaginava o que era um *hippie*, apenas achava legal o jeito daquelas pessoas se vestirem. Havia inclusive pedido à minha avó que fizesse uma saia longa para eu usar nesses encontros, pois afinal me julgava uma moça.

Não entendia muito bem o que acontecia naqueles encontros, então procurava ficar em silêncio observando como as pessoas agiam enquanto meditavam, para depois imitá-las... Apesar do meu esforço em me concentrar, continuava achando muito chato ficar ali parada com os olhos fechados, afinal minha pouca idade não me permitia acalmar os pensamentos, já que dentro de mim borbulhava a necessidade de me relacionar com as pessoas.

Com essa história de mudar de escola, de casa, de cidade, para acompanhar o ritmo acelerado da minha família, foi muito difícil fazer amigos, na verdade eu não tinha ninguém, e sem saber o peso das minhas escolhas resolvi fazer qualquer coisa para ser aceita por outras pessoas...

Dessa forma, aos 15 anos tive uma conversa muito séria com o plano espiritual. Disse aos espíritos que não entendia por que não vinham me ajudar, pois o tempo todo o contato com eles era perturbador. Noites sem dormir, sensação de estar flutuando no quarto junto ao teto, constantes enjoos e visões distorcidas das pessoas. Eu queria apenas ser normal... Será que eles não podiam me auxiliar nisso e me ajudar a fazer amigos?

Assim, sem saber fechei a porta para o mundo espiritual, imaginando que se passasse a viver por minhas próprias pernas seria mais feliz. Contudo, entrei em um mundo de muito sofrimento, pois eu jamais seria normal...

Hoje pergunto a você, amiga leitora, o que é ser normal? Por que buscamos tanto ser como as outras pessoas, vestir roupas da moda, padronizar nossos conceitos... Por quê?

Nesse obscuro mundo dos sentidos, vivi minha conturbada adolescência e acabei por me casar grávida aos 18 anos... O carma batia à minha porta e todos os meus sonhos foram escoando de minhas mãos, como se nunca tivessem me pertencido...

Não sei se a adolescência é um período feliz para alguém, no meu caso foi muito complicado e triste. Sabia o que não fazer, mas não imaginava o que poderia ser feito.

Somente anos depois, quando estava muito infeliz vivendo o fim de um casamento que nunca existiu no meu coração, é que percebi que jamais deveria ter fechado as portas para meus guias espirituais. Não que acredite que eles pudessem ter evitado as experiências pelas quais deveria passar, mas porque talvez com eles tivesse sido mais fácil.

Escolhi, no entanto, a companhia dos companheiros de escola que queria que se tornassem meus amigos e, aproveitando a hospitalidade da minha casa sem donos, preparava festas animadas nos aniversários, usando qualquer ocasião para reunir pessoas.

Até hoje gosto muito de festas, acho que é importante comemorar os eventos alegres para fortalecer a fé e a esperança na vida, e continuo fazendo minhas reuniões.

Apesar de tantos desencontros devo dizer que não me arrependo das escolhas que fiz, pois acho que elas foram parte de uma lição importante que devia aprender, a qual hoje reparto com você.

O passado não volta, portanto não temos o direito de nos arrepender do que fizemos. Aquilo que passou deve servir como uma importante história de vida e crescimento. Aprendi também que não existem pessoas erradas, boas ou más, existem resgates, encontros cármicos, dívidas a pagar e histórias a ser cumpridas.

Sob a ótica da magia, todos são nossos instrutores, todos indistintamente vêm ao nosso encontro para nos ensinar, assim como também servimos como mestres para as outras pessoas.

Se há algo para ser dito sobre o passado é: aproveite as lições, jamais se arrependa do que fez e não culpe as pessoas pelo que lhe fizeram. Tudo foi importante e único em sua vida. E, querida leitora, viva o seu presente, pois a vida por mais que seja conturbada e fora do controle vale muito a pena!

Lembre-se que o passado é perfeito, e vale a pena sonhar! Vamos então falar de contatos espirituais e de receitas para festas?

Conselhos Práticos de Magia: "Limpeza do Ambiente"

O contato com seus orientadores é extremamente importante: mas, afinal, como isto é feito?

Para começar, limpe sua casa. Seres de luz não vivem na bagunça, seres de luz não gostam de porcarias guardadas. Muita gente que me procura para fazer trabalhos espirituais quer fórmulas prontas para a alegria. Isso não existe, é como a massa de um bolo, precisa ser preparada com bons ingredientes, calma, concentração e atenção.

Portanto, o primeiro passo para quem deseja contatar seus companheiros espirituais é limpar. Comece do princípio, faça uma faxina nos papéis, nas gavetas, nos armários, dê para outras pessoas ou instituições de caridade tudo aquilo que não lhe serve mais. Não guarde nada que não esteja no uso.

Na sua cozinha, não guarde louça para ocasiões especiais que nunca acontecem, use tudo de bom que você tem, tudo!

Ensino em meus cursos um *spray* à base de cânfora para limpeza do ambiente. É fantástico e você pode fazê-lo em casa. Somente não é recomendado para quem faz uso de homeopatia, pois a ação da cânfora neutraliza os medicamentos, justamente por agir na alteração do campo vibracional.

Essa mistura já provou ser muito eficaz para melhorar o convívio entre familiares, sempre ensino para meus clientes e alunos que em dias de faxina a última água de limpeza do chão, armários e paredes pode justamente ser com álcool com cânfora, além de deixar seu perfume característico no ar, fica tudo muito limpo mesmo.

Spray *para o ambiente*

Em um borrifador de plantas, colocar na seguinte ordem:
1 xícara de álcool;
1 pedra de cânfora esfarelada;
Completar o restante lentamente com água.

Fazendo festa

O açúcar é o ingrediente especial para qualquer comemoração, em várias religiões as oferendas às divindades são doces justamente porque estamos pedindo para adoçar o nosso astral, abrir os caminhos e facilitar nossa vida. Porém, em suas receitas não abuse da quantidade de açúcar porque mesmo as coisas boas enjoam, e açúcar demais faz mal.

A mágica está em saber dosar e equilibrar as energias. Não esqueça da intenção amorosa e festiva que você está colocando em seus pratos.

Use a sua colher de pau imantada com sua energia e divirta-se!

A alegria no coração e o desejo de receber bem seus convidados fazem o melhor da festa; não esqueça também das flores, pois elas são um presente de Deus para alegrar nossa vida...

1. Cobertura para festa

Esta cobertura acompanhava o tradicional bolo de chocolate que minha mãe fazia nos aniversários. Quando era o do meu irmão, tornava-se um campo de futebol coberto de coco-ralado passado na anilina verde!

1 lata de leite condensado cozido;
1 tablete e ½ de margarina.

Fazer um creme bem batido, mantendo-o por aproximadamente dez minutos na batedeira. Se desejar, acrescentar três colheres de chocolate em pó.

2. Bolo de chocolate

Minha mãe ganhou esta receita de uma amiga e, desde então, em nossa casa ele se tornou o bolo das festas. Como tem bastante chocolate fica meio farelento. É uma delícia recheado de leite condensado cozido com ameixas pretas e pêssego em calda picados.

4 ovos;
2 tabletes de margarina;
2 xícaras de açúcar;
2 xícaras de farinha de trigo;
2 xícaras de chocolate em pó;
2 colheres de sobremesa de fermento em pó;
2 a 3 xícaras de leite.

Bata a margarina com o açúcar e acrescente as gemas uma a uma, misture a farinha, alternando com o leite e o chocolate peneirado. Bata separadamente as claras em neve e as acrescente levemente com o fermento. Leve para assar em forno moderado. É o melhor bolo de chocolate que já comi na vida! Você vai adorar...

3. Cobertura de chocolate da Beatriz

Minha irmã Beatriz fazia essa cobertura em um instante, para acompanhar os bolos, é super fácil. Obrigada, Beatriz!

1 lata de creme de leite sem soro;
1 lata de açúcar;
1 lata de chocolate.
Misturar tudo e levar ao fogo até levantar fervura.

4. Bolo de coco da Laura

Minha prima Laura tornou-se meio que nossa irmã. Lembro-me quando seu filho Felipe nasceu. Foi uma festa, pois era mais uma geração despontando em nossa família. Com ele, o bolo de coco da Laura foi então trazido para os aniversários. Obrigada, Laura, por essa delícia!

3 xícaras de açúcar;
4 ovos (e 2 gemas da cobertura);
3 colheres de sopa de margarina;
4 xícaras de farinha de trigo;
1 copo de leite;
4 colheres de chá de fermento.

Bater as gemas com o açúcar e a margarina, acrescentar a farinha e o leite, por último adicionar as claras em neve e o fermento. Levar para assar em forno moderado por aproximadamente 30 minutos em assadeira grande, untada e enfarinhada.

Primeira cobertura

1 vidro de leite de coco;
½ litro de leite fervido;
3 colheres de açúcar.

Misturar os ingredientes e colocá-los por cima do bolo; fazer com o garfo diversos furos para o caldo penetrar. Caso você deseje cortar o bolo, poderá servi-lo aos pedaços, depois de passar na segunda cobertura, envolvidos em papel alumínio.

Segunda cobertura
  2 claras em neve;
  1 lata de creme de leite;
  3 colheres de açúcar;
  1 pacote de coco-ralado hidratado, para colocar por cima.
  Esta é uma receita grande, o bolo rende bastante. Procurar servir frio.

5. BRIGADEIRO

Uma das lembranças mais queridas do meu tempo de criança é o prato de brigadeiro enfeitando a mesa, não é uma delícia?

  2 latas de leite condensado;
  2 colheres de margarina;
  2 colheres de chocolate em pó.
  Levar ao fogo até dar o ponto e desprender da panela.
  Depois de frio, enrolar e passar no chocolate granulado.

6. BRIGADEIRO COM ROUPA DE FESTA

Em uma das minhas invenções resolvi dar ao brigadeiro uma cara mais festiva, meu marido Fabio adorou.

  1 lata de leite condensado;
  2 colheres de sopa de margarina;
  2 colheres de sopa de chocolate em pó peneirado;
  100 gramas de nozes picadas;
  100 gramas de damasco picado e amolecido no fogo com um pouco de água.
  Fazer o brigadeiro normalmente e, quando der o ponto, acrescentar os demais ingredientes. Enrolar e passar no chocolate em pó. Fica uma delícia.

7. DOCINHO DE NOZES

  1 lata de leite condensado;
  100 gramas de nozes picadas;
  2 colheres de sopa de margarina;
  1 colher de chocolate em pó.
  Levar ao fogo até dar o ponto e desprender da panela.
  Depois de frio enrolar e passar no açúcar de confeiteiro.

8. Bombom branco

1 lata pequena de leite em pó;
½ quilo de açúcar;
2 pacotes de coco-ralado;
1 copo de leite fervido e frio.

Misturar todos os ingredientes secos e, em seguida, colocar o leite.

Enrolar os bombons e colocar dentro deles uma uva-passa deixada de molho em cachaça ou conhaque. Por último, passar os bombons no açúcar cristal.

9. Bolo bossa-nova

6 ovos;
3 copos de açúcar;
3 copos de farinha de trigo;
1 copo de leite fervendo;
1 colher de sopa de fermento;
1 pitadinha de sal.

Bater as claras em neve e colocar as gemas, uma a uma; aos poucos, adicionar o açúcar e a farinha de trigo. Acrescentar então o leite fervendo. Por último, colocar o fermento. Levar para assar em forno moderado por aproximadamente 30 minutos.

Calda

Fazer um creme mole cozido com:
1 lata de leite condensado;
1 litro de leite;
4 colheres de sopa de chocolate peneirado;
1 colher de sopa de amido de milho.

Se desejar, você poderá cobri-lo com coco-ralado fresco.

Esta receita rende um bolo grande, próprio para festa.

5

Sonhos

A massa do sonho é extremamente simples. Antes de fritar é uma mistura de ovos, leite e farinha, o que muda tudo é a ação do fermento em contato com o óleo quente. Da mesma forma, temos de agir em nossas vidas, devemos construir nossos sonhos e colocá-los em prática; e salve a força divina e seu óleo quente!

O sol se pondo projetando sombras por entre as colunas e tingindo de cor-de-rosa o fim de tarde naquela ilha grega fazia com que involuntariamente eu suspirasse alto. Podia-se ver claramente os degraus largos consumidos pelo tempo que só faziam a paisagem se mostrar ainda mais interessante, deixando-nos esquecer os turistas com suas máquinas fotográficas e roupas deselegantes. A Grécia deve ser assim. Pensava eu enquanto recortava mais uma fotografia para colocar na minha "Roda da Fortuna"; afinal, viajar para as ilhas gregas era mais um sonho que desejava realizar.

Nos meus *workshops* sempre participo com os clientes, pois também quero ser conduzida e viver intensamente o aprendizado das pessoas que estão à minha volta. Recentemente ministrei um encontro sobre o sucesso e a fortuna, e comprovei mais uma vez a inabilidade que as pessoas têm em sonhar...

Um dos exercícios consistia justamente em recortar fotografias de revistas que representassem os sonhos. Algumas pessoas estavam a princípio taciturnas, queriam o sucesso financeiro, amoroso, mas havia algo que as impedia de sonhar. Quando se depararam com o papel, as revistas e a tesoura, ficaram totalmente perdidas. Afinal, como colocar para fora o que tinham dentro do seu mundo?

Chego a pensar que algumas sequer faziam ideia do conteúdo da sua mente... Outros se comportaram como crianças, recortaram aviões, fazendas, casas maravilhosas, tudo completamente fora da realidade.

Cabia a mim treinar junto a elas como aproximar o irreal do real e, assim, trabalhar na concretização das ideias... Teria de compartilhar aquilo que aprendi com os Mestres, ensinando justamente que as coisas não se concretizam porque as desejamos, não é assim que funciona a magia da vida. É preciso trabalhar pelos nossos sonhos. Não adianta pensar de vez em quando no amor, no dinheiro, na vida profissional, nem muito menos pensar sempre de uma forma obsessiva e cheia de sofrimentos. É preciso pensar com luz.

Acho que posso falar sobre sonhos justamente por ser uma *expert* em sonhar. Na verdade nunca vivi completamente inserida na realidade à minha volta. O sonho sempre fez parte da minha vida, mesmo quando era um pesadelo. Ainda hoje preciso estar envolvida em algum sonho... Agora sei, no entanto, que os sonhos não podem ser apenas parte de um mundo fictício e irreal, eles devem ser transformados em projetos e finalmente colocados à prova.

Um dos grandes problemas que afetam as pessoas sonhadoras é a não concretização de suas ideias. Aprendi que pensar deve ser um exercício prático. Não adianta sonhar com um futuro sem planejar e agir no presente. Se acaso desejamos fazer uma viagem ao exterior, o mínimo que temos de fazer é pesquisar o preço das passagens, pensar em um roteiro e começar a guardar dinheiro.

Aprendi que os planos são tão importantes quanto a ação e muito mais poderosos que os sonhos. Durante boa parte da minha vida vivi uma realidade afastada dos planos e somente consegui reverter esse processo quando descobri como ele funciona. Na minha juventude, a minha pouca habilidade em lidar com as pessoas fez com que eu desenvolvesse um medo frente à vida. Havia medo de enfrentar o mundo real, assim era mais fácil sonhar. Sei que muitas pessoas sofrem desse mesmo mal que acaba por torná-las arredias, fugitivas e infelizes. Mesmo que tenham sonhos, continuam sozinhas e tristes.

Aprendi com os mentores que viver é um ato de coragem em enfrentar nossos medos. Se não agirmos com coragem e não nos depararmos com a realidade nos tornaremos pessoas incompletas. Hoje sei que é melhor enfrentar uma situação do que imaginá-la ou fugir dela. Sei que ainda que os castelos se desmoronem, é melhor colocá-los à prova do que continuar com ilusões.

Minha experiência tem me mostrado, por exemplo, que por mais que as mulheres neguem, a maioria delas continua acreditando em príncipes encantados e se colocando à espera desses seres especiais que suprirão todos os seus desejos. Ainda que tenham consciência de que o mundo é feito de homens e mulheres reais, continuam à espera de seus príncipes perfeitos. Costumo colocar para elas que o caminho mais fácil para libertar esse sonho é aceitar suas falhas e defeitos; aceitando sua limitação começam a aceitar também as pessoas. Talvez, se eu soubesse disso, ou simplesmente fosse uma pessoa menos sonhadora, teria sofrido menos na minha adolescência com o contraste dos meus sonhos com a dura realidade. O amadurecimento espiritual me mostrou que a magia de realizar sonhos só acontece quando temos coragem de colocá-los à prova.

No sonho amoroso de encontrar um parceiro é preciso no mundo objetivo abrir-se para as pessoas; não falo aqui de promiscuidade, mas de intimidade. Podemos ser íntimos de um amigo, de um irmão e até de um companheiro de viagem, é preciso apenas ter respeito. Respeitar nossos limites e também os limites alheios. Sei que falar assim parece fácil, mas na realidade nem sempre as coisas fluem como desejamos... Muitas vezes me pergunto como algumas pessoas podem desejar ter alguém em suas vidas se não abrem espaço para os outros?

Não é possível compartilhar nossa vida com alguém se não nos dispusermos a partilhar nossos sonhos. Como podemos querer ter dinheiro se não nos damos o direito de fazer um curso ou de comprar uma roupa nova?

Ao contrário de procurar trabalhar seus medos, suas inseguranças e seu pouco amor para consigo mesmas, algumas pessoas carentes de alma vivem tentando recompensar a ausência do lado espiritual imaginando um possível amor perfeito ou comprando roupas e carros novos. Ainda assim, felizmente, por mais perdidos que possamos estar, sempre há uma sábia medida, um equilíbrio para o retorno ao nosso interior. Para isso é preciso ouvir a voz do coração e seguir os impulsos da nossa alma, afinal não é possível oferecer ao outro o que não temos para nós mesmos.

Outro grande desbloqueio para que nossos sonhos possam ser concretizados diz respeito a nos libertarmos da ideia de contentar as outras pessoas. Devemos aprender que nem sempre estaremos agradando os outros, e que isso não é tão importante quanto parece. Quanto mais a maturidade vem ao nosso encontro, mais descobrimos que é preciso agradar a nós mesmos e que isso não é egoísmo é autorrespeito.

O maior de todos os desafios com relação à concretização dos nossos sonhos é a coragem de sonhar pequeno. Os Mestres espirituais ensinam que fazer planos pequenos permite a nós colocá-los em prática.

Por exemplo, se seu sonho é viajar, programe-se e concretize uma viagem para o Rio de Janeiro, não é uma cidade linda?

Comece fazendo planos que possam ser colocados em prática, porque não há fermento, impulso maior e mais poderoso do que a referência mental do resultado de um sonho que já se concretizou. Esse é o maior incentivo para continuar sonhando.

Vou dar o meu exemplo porque acho que serve muito bem para ilustrar: como sempre fui uma mulher romântica, meu sonho de menina era o de um casamento perfeito, com direito a um vestido maravilhoso, véus, grinaldas cheias de flores e buques perfumados. A realidade, ao contrário de tudo isso, me trouxe uma gravidez prematura e uma igreja vazia... mas como tudo o que colocamos no mundo das ideias não é apagado, anos depois, quando fazia minhas excursões profissionais no mundo da moda, participei de um grande desfile de roupas de noiva. Na ocasião inclusive um costureiro famoso me convidou para fotografar um belo modelo seu, porque achou que eu tinha "cara de noiva"... isso foi até um espanto porque na época o meu cabelo era curtinho, bem diferente dos coques e cabelos compridos que as noivas costumam usar. Enfim, meu sonho foi tão forte, e ao mesmo tempo tão sem direção, que o resultado dele aconteceu; não foi como eu esperava, mas aconteceu. Usei um vestido belíssimo, admirado por todos os que compraram aquela revista...

O astral me deu aquilo que eu sonhara... Por curiosidade devo contar que o vestido com o qual fotografei foi um dos mais vendidos em toda a história daquela butique para noivas...

Não posso deixar de rir da maneira como a vida me ensinou. Foi duro, mas graças a Deus aprendi. Hoje sei que se não tivesse aprendido a lição, a experiência iria novamente bater à minha porta. Hoje procuro sonhar com os olhos mais abertos, faço planos para o futuro próximo e entrego nas mãos de Deus qualquer eventual mudança, porque aprendi também que o melhor do ato de sonhar é deixar fluir.

Conselhos Práticos de Magia: Sonhos

O mundo dos sonhos é também o mundo onde a magia circula livremente, incentivando-nos a manter contato com o plano espiritual. Até agora falamos de sonhos que fazemos imaginando como deve ser nossa vida. Neste trecho vamos comentar sobre aquilo que sonhamos enquanto dormimos.

Você já sonhou com maremotos?

Talvez você já saiba que a água é um símbolo muito importante do nosso inconsciente. Assim como as águas são uma representação das nossas emoções, muitos outros símbolos são trazidos todas as noites até nós, para que possamos nos conectar com o mundo espiritual.

Gostaria de sugerir que você comece a anotar os seus sonhos, pois o conteúdo deles é muito rico e poderá ajudá-la a compreender alguns impasses.

Algumas pessoas dizem que não sonham, na verdade elas não se lembram dos sonhos porque a mente não deixa de funcionar quando dormimos, é preciso apenas aprender a se conectar e respeitar mais a intuição. Sugiro que você coloque um caderno de notas do lado da sua cama e anote tudo que conseguir lembrar dos próximos sonhos; não se preocupe a princípio em comprar um livro de sonhos, faça isso quando sentir necessidade. Comprove quanto potencial criativo existe dentro de você e faça uso do que está aprendendo para desenvolver a intuição.

Pequeno glossário dos sonhos

Água: Esse sonho está sempre relacionado com os aspectos emocionais e sentimentais. Observe a cor da água e os sentimentos que o sonho desperta em você.

Alimentos: Normalmente esse sonho mostra a necessidade de satisfação dos desejos. Quando você está à procura de comida no sonho, ou a comida que lhe é oferecida é insuficiente, essa representação mostra que o momento de vida está meio complicado. Banhos de ervas e defumações no seu quarto antes de dormir sempre ajudam muito na limpeza do ambiente e, consequentemente, dos sonhos.

Animais: Cada animal tem uma simbologia diferente, mas existe em todas as espécies algo que é comum: a liberdade. Não podemos controlar os animais, de maneira que sempre os sonhos com eles estão relacionados a impulsos de nossa alma.

Brigas e cenas de conflito: Normalmente esse tipo de sonho reflete situações que você está vivendo no seu dia a dia. **Cuide do astral. Uma boa defumação com pó de café limpa até os miasmas mais resistentes.** Não esqueça de tomar um bom banho de sal grosso antes de dormir e rezar para seu anjo da guarda ajudá-la nessa situação.

Temas e cenários de outra épocas: Muitas pessoas encontram nos sonhos suas vidas passadas, por isso a importância de anotar as impressões. Às vezes, os sonhos também são repetitivos justamente para nos mostrar a necessidade de atuarmos sobre a situação.

Estradas e caminhos: Esse também é um sonho muito significativo, normalmente quando é mostrado um impedimento, você deve cuidar-se melhor.

Joias e pedras preciosas: Coisas de valor sempre trazem importantes mensagens; dê atenção aos possíveis novos relacionamentos. Quando as joias aparecem quebradas ou sujas, é preciso ter cuidado.

Prédios e instalações: Esse também é um sonho bastante comum. Se as construções estiverem comprometidas e o sonho for confuso, procure cuidar melhor inclusive da sua saúde. Não basta limpar o astral se o corpo estiver doente.

Banho das oportunidades

Como ninguém é de ferro, vamos dar uma força para a concretização dos nossos sonhos. Faça este banho e veja os resultados.

Manjericão;
Alecrim;
Arruda;
Flores sortidas;
Mel.

Se o caso for falta de dinheiro, colocar na água que irá ser fervida uma **peça de ouro**, que depois será retirada.

Este banho pode ser usado por pessoas que desejam abrir novas oportunidades em suas vidas, no entanto, vale lembrar que precisamos estar abertos às ofertas do mundo. **Precisamos fazer a nossa parte.** Muitas oportunidades podem escapar de nossas mãos quando mantemos os pensamentos negativos. É preciso pensar positivamente e desenvolver a fé. Lembre-se de quando tomar este banho acender uma vela amarela e fazer uma oração ao seu anjo da guarda, pedindo abertura de caminhos.

Banho dos Anjos

Você pode dar este banho nos seus filhos, principalmente quando estiverem agitados; é um banho de ação calmante e muito poderoso.

Rosas brancas, para o amor;
Jasmim, para o amor;
Camomila, para acalmar.

Banho Noite Feliz

Uma noite de sono tranquila sempre nos ajuda a enfrentar a realidade. A combinação dessas ervas (camomila, melissa e arruda) é justamente para acalmar. Experimente!

Sonhos e doces

A culinária é uma constante mágica em que criamos e damos forma aos nossos sonhos. Comece a observar o quanto você pode ser criativa inventando novas receitas. No caso dos doces, experimente essas receitas, são fáceis e deliciosas.

Sonhos

4 ovos;
2 colheres de sopa de fermento em pó;
1 lata de leite condensado;
Farinha de trigo até dar o ponto.

Bata os ovos, acrescente o leite, o fermento e a farinha até obter uma massa homogênea que não grude nas mãos. Faça os bolinhos e frite em óleo não muito quente. Passe no açúcar e na canela em pó depois de frito.

Sequilhos

1 lata de leite moça;
4 ovos;
100 gramas de margarina (tablete);
1 xícara de açúcar;
1 colher rasa de sopa de fermento em pó;
1 quilo de amido de milho;
Baunilha.

Amasse, enrole em cordões, corte em pedaços (como nhoque). Asse em forno regular em assadeira untada.

Bolo de milho-verde

4 espigas de milho;
3 ovos inteiros;
1 tablete de margarina (na temperatura ambiente);
2 xícaras de açúcar;
3 xícaras de farinha de trigo;
1 colher de fermento em pó.

Cortar o milho das espigas, colocar no liquidificador com as gemas e um pouco de leite. Bater e acrescentar os outros ingredientes. Untar a forma e assar em forno médio por aproximadamente 40 minutos. Se gostar, acrescente erva-doce, que dá um sabor todo especial.

Pudim de milho-verde

Elizabeth foi a vizinha que sempre nos encantou com os aromas maravilhosos dos seus quitutes. Sempre gentil, tinha a maior paciência de ensinar seus truques. Obrigada!

4 espigas de milho-verde;
4 colheres de sopa rasas de açúcar;
1 xícara de leite.

Bater no liquidificador, coar e levar ao fogo até engrossar ao ponto de polenta mole. Colocar em uma forma refratária untada com óleo e levar para gelar. Fica com gosto de pamonha.

Torta americana de maçã

Esta receita aprendi em Itararé, lembro-me que minha tia Cida me mostrou um livro de receitas coletadas na cidade, achei bárbaro.

1 tablete de margarina;
3 colheres de sopa de açúcar;
1 pitada de sal;
1 xícara de amido de milho;
1 xícara e ½ de farinha de trigo;
1 colher de sobremesa de fermento;
Misturar esses ingredientes e acrescentar água até dar o ponto.

Recheio de maçãs
Misturar os seguintes ingredientes para o recheio:
4 maçãs sem casca picadas;
1 colher de sopa de suco de limão;
¾ de xícara de açúcar;
1 colher de sobremesa de margarina esfarelada;
2 colheres de sopa de farinha de trigo;
1 colher de sopa de canela em pó e cravo-da-índia.

Abrir a massa, rechear e cobrir. Fazer alguns cortes na superfície para evaporar o líquido. Pincelar com uma gema e polvilhar com açúcar e canela. Assar em forno médio por aproximadamente uma hora.

6. Bolo de frutas

Em uma assadeira redonda, de tamanho médio, caramelizar uma xícara de açúcar. Feito isso, coloque por cima frutas da sua escolha (podem ser banana, maçã ou qualquer outra que esteja na época).

4 ovos;
1 xícara de açúcar;
2 xícaras de farinha de trigo;
1 xícara de leite;
1 tablete de margarina para bolo;
1 colher de sopa de fermento.

Fazer a massa misturando bem os ingredientes e bater as claras em neve para, por último, adicioná-las com o fermento.

Levar para assar em forno médio por 20 minutos e desenformar ainda quente, para as frutas ficarem por cima do bolo.

7. Bolo de cenoura

Bater no liquidificador:
3 cenouras médias;
¾ de xícara de óleo;
4 gemas;
1 xícara e ½ de açúcar.

À parte, acrescentar duas xícaras e meia de farinha de trigo, as claras em neve e, por último, uma colher de sopa de fermento em pó.

Assar em assadeira untada e enfarinhada.

8. Cobertura simples para bolo

2 colheres de sopa de chocolate em pó;
2 colheres de sopa açúcar;
1 colher de sopa de margarina;
2 colheres de sopa de leite.

Levar tudo ao fogo, mexer e colocar por cima do bolo frio.

9. Pão doce da Dona Adélia

Neste capítulo sobre sonhos não poderia deixar de falar da D. Adélia, que foi uma grande amiga. Nascida em berço de ouro na Hungria, como ela costumava dizer, emigrou para o Brasil por causa da guerra. Aqui constituiu sua família sem medo de enfrentar os desafios. Foi uma lutadora que sempre acreditou na vida. Agradeço de coração tudo o que ela me ensinou.

Dissolver:
50 gramas de fermento para pão;
1 colher de chá de açúcar;
½ xícara de leite morno;
1 quilo de farinha;
2 ovos inteiros;
2 xícaras e ½ de leite morno;
1 tablete de margarina;
3 colheres de sopa de açúcar.

Dissolver a margarina no leite e misturar todos os outros ingredientes. Sovar bem a massa e deixar descansar por uma hora.

Untar e enfarinhar a forma. Fazer os pães e recheá-los com goiabada em cubinhos ou cobri-los com uma mistura à base de margarina, açúcar e farinha em quantidades iguais. Dona Adélia costumava fazer pães abertos cortados com um copo; no meio ela colocava uma colher de sobremesa com essa mistura amanteigada. Deixar crescer por meia hora e assar em forno quente de 20 a 30 minutos.

6

Beringela para Aperitivo

A beringela é um vegetal de sabor marcante e levemente amargo; se você não souber prepará-lo, fica simplesmente intragável. Assim é com o casamento, que sem o tempero do amor torna-se simplesmente insuportável.

O mês de maio estava especialmente frio naquele ano em que Heloíza nasceu. Podia ver da janela do meu quarto as copas das árvores ressequidas pela falta de chuva, o que não impedia que os pássaros continuassem cantando alegremente em sua revolução matinal e me despertando com sua alegria. Olhando minha filha ao meu lado, não podia acreditar nas mudanças pelas quais estava passando... Mas ela estava ali, bem junto a mim, fazendo-me acreditar que havia me tornado mãe...

Para ajudar no orçamento familiar, comecei dar aulas no curso noturno, na escola que havia concluído o Ensino Fundamental. E posso dizer que foi muito estranho observar como as coisas haviam se invertido... de filha passei a ser mãe, de aluna passei a ser professora. Sendo que não me sentia preparada para conduzir, nem ensinar ninguém. Na verdade precisava demais que alguém me indicasse os caminhos.

Eu, como a maioria das pessoas, ansiava por achar aquilo que todos têm no seu interior; hoje sei que como uma fruta, essa força interna precisava amadurecer. Era exatamente isso que estava acontecendo comigo. Naquela época não estava apenas lutando pela vida, mas também travando uma terrível batalha com ela. Não aceitava os rumos que estavam sendo colocados a mim. Queria mudar o destino, não digo que queria voltar atrás, porém não desejava que as coisas continuassem pelo rumo que se apresentavam.

De uma experiência a outra fui descobrindo cada vez mais desencantos, e enquanto meu corpo jovem esbanjava saúde, beleza e jovialidade, meu coração estava cansado e oprimido pelos desencontros.

Foi nessa ocasião que pela primeira vez desejei a morte. O sentimento de infelicidade era tão grande e me via tão perdida que achei que a solução seria morrer... Porém, graças a Deus, não era tola o suficiente para levar essa infeliz ideia adiante. Ainda assim, não pude evitar de me deixar levar por uma profunda depressão. Todos os dias se tornavam cor de cinza, todas as noites se encompridavam na insônia que me obrigava a ficar acordada e refletir. Pensava não haver esperanças, pois até então por onde olhasse só via tristeza. Comecei a clamar por Deus, rezava de todo coração pedindo que Deus me ouvisse, porque afinal se existia um Deus, Ele tinha que me ajudar.

Nos meus intermináveis monólogos dizia a Ele:

– Se você existe, me salva. Não tenho mais espaço dentro de mim para sentir tristeza. Não aguento mais tanta dor... Não sei se posso chamá-lo de pai, mas, se você existe, apareça na minha vida, por favor. Se eu errei, me perdoe; não sei bem do que, mas daquilo que fiz de errado me arrependo sinceramente.

Assim, passava dias e noites pensando n'Ele.

Nessa época minha menina estava com 6 anos de idade, e com seus cabelos loiros presos em dois chumaços ia sorridente para a escola enquanto eu me via obrigada a disfarçar o que sentia, para poupá-la da minha dor.

Não tinha com quem dividir meus sentimentos. Não sabia a quem pedir socorro. Minha mãe estava ocupada demais vivendo sua vida com meu pai, meu marido não compreendia o que eu estava sentindo, portanto, na minha cabeça, minha história só poderia ser resolvida com Deus.

No meio dessa aflição, chegou às minhas mãos o livro *O Homem dos Milagres*. Estava na ocasião com uma viagem marcada para Itararé, para visitar meu avô que estava muito mal de saúde, e na viagem devorei as passagens daquele livro mais rápido que o ônibus devorava a paisagem rural à beira da estrada.

Pensava comigo: – Se esse Sai Baba existe, ele pode me salvar. Eu quero um Deus vivo!

Com todos esses pensamentos borbulhando na minha cabeça, enfrentei o triste encontro com meu avô doente. Quando voltei para São Paulo, meu pai, que não sabia do meu interesse por Sai Baba, me ofereceu uma fotografia dele, sem imaginar que eu havia pedido a Baba uma foto sua como prova de sua onisciência...

Em seguida comecei a frequentar as reuniões de mantras que aconteciam no Centro Sai recém-inaugurado em São Paulo. Foi maravilhoso! Senti-me acolhida por Sai Baba.

Não entendia muito bem nada que estava acontecendo, só sabia que os mantras me confortavam. Lágrimas escorriam dos meus olhos sem que eu pudesse controlar. Sonhos passaram a tumultuar minhas noites antes maldormidas. Hoje sei que estava passando por um processo profundo de limpeza. Mesmo sem ter consciência, sentia que a sujeira ia sendo retirada do meu corpo cada vez que fazia as orações. Graças ao meu novo estado de espírito, estava voltando a gostar da vida e ter esperanças.

Em um dos primeiros encontros no Centro Sai, uma moça que frequentava as reuniões e que se tornaria uma amiga muito estimada, sugeriu que eu fosse fazer Terapia de Vidas Passadas. Achei o máximo, e pensei que talvez achasse as tão desejadas explicações para o sofrimento.

Tantos anos depois, ao relembrar todos esses fatos para narrá-los aqui, observo meu sofrido processo como algo muito necessário. Hoje sei que nascemos em um círculo familiar cármico. Já fomos pais, filhos, irmãos e amigos uns dos outros. Não há acaso, sorte, nem mesmo destino infeliz. Estamos juntos para resolver nossas pendências, lapidar nosso caráter, descobrir Deus em nós e também aceitar Deus nos outros.

Cortar o contato com a espiritualidade como fiz na minha adolescência, em busca da aceitação do mundo, talvez tenha sido meu maior engano. Hoje sou muito feliz sendo eu mesma, pode ser que erre ou acerte, mas isso deixou de ter importância, pois não estou mais ocupada tentando ser amada pelas pessoas. Ser eu mesma basta.

É claro que estamos no mundo para partilhar, mas precisamos demais descobrir quem somos e nos amarmos. Se não nos amarmos e perdoarmos nossas falhas, jamais aceitaremos Deus dentro de nós. E posso afirmar que aceitar nossa divindade é o caminho mais curto para a felicidade.

Há um ato mágico em descobrir quem somos!

Sai Baba foi o condutor desta grande descoberta na minha vida, foi quem destampou minhas comportas de sofrimento, ilusão e dor. E se há uma magia que ele nos ensina, é a magia do amor. Amor, amor, amor.

Claro que não é tão fácil praticar como é falar, mas felizmente para aprender temos a vida toda, não é?

Minha querida leitora, posso falar a você somente da minha experiência a respeito da magia, mas acho que os rituais foram criados para nos conectar com Deus. Intuitivamente, nessa época difícil que passei procurando tão desesperadamente por conforto espiritual, criei em minha casa um pequeno altar, e é sobre isso que falaremos a seguir.

As receitas desse momento são de comidas simples, pois não tinha muito tempo para me dedicar à elaboração de pratos mais requintados; minha filha adorava lanches. Fazia para agradá-la receitas próprias para crianças, acho que você também vai gostar...

Conselhos Práticos de Magia: "Altares"

A criação de um altar é um passo importante para o despertar espiritual. A magia vem de Deus e precisamos nos conectar com Ele. Seja qual for o seu Deus, é preciso cultuá-lo, pois quando lidamos com poder estamos vulneráveis às sombras. Os mentores ensinam que quanto maior for a luz, maiores serão também as responsabilidades de quem serve como Canal.

Os altares estão em todas as religiões, são o ponto de ligação entre o mundo material e o espiritual. Faça então um em sua casa.

Escolha um local para colocar uma toalha branca onde você possa acender suas velas e fazer suas orações olhando para um lugar especial.

É muito importante criar um ambiente para orar, pois facilita a concentração. De preferência, faça suas preces, mentalizações e meditações sempre no mesmo horário.

Você pode colocar uma fotografia de um mestre de luz, um castiçal, alguns cristais e um recipiente para água se for do seu agrado.

Deus não precisa de altares, nós é que precisamos justamente para nos lembrar d'Ele.

Cada pessoa saberá consultar a própria intuição sobre como enfeitar o seu altar. Tenho uma amiga que colocou a fotografia da família... outra tem uma bonita imagem de Buda. O importante é a mensagem que você está querendo passar.

Nos tempos antigos, nas cozinhas não podia faltar uma estatueta de Santo Antônio, que na época das festas juninas sofria as maiores penitências quando era convocado para casar alguma donzela. Mais tarde, o consumo se impôs nas famílias e as recém-adquiridas geladeiras trouxeram a profanação da estética enfeitando-se com pinguins...

Em minha casa tenho na cozinha uma imagem de Nossa Senhora, no meu quarto um pequeno altar com Sai Baba, e assim vai... Isso é tão pessoal que ninguém melhor que você poderá fazê-lo.

Mas querida leitora, faça, é tão bom pensar em Deus!

BANHO ANTIDEPRESSÃO

1 punhado de erva doce;
1 punhado de tomilho;
1 colherinha de mel.

Depois que a água ferver, jogue essas ervas no recipiente e deixe-as repousar por alguns minutos tampadas. Esse banho ajuda a aquietar os pensamentos e curar a depressão.

É HORA DO LANCHE

As pequenas refeições não devem ser destituídas de carinho ou atenção, pois, na maioria das vezes, esquecemos da importância desses momentos.

Não coma em pé, engolindo a comida sem prestar atenção, pode ser apenas um pão com queijo, mas concentre-se no que está fazendo. Uma das maiores angústias da vida atual é não viver o presente. Estamos o tempo todo ocupados com o futuro, não temos tempo para o que está à nossa volta, nem para comer. O que poderia ser um prazer torna-se uma obrigação. Quem tem filho pequeno que o diga...

Em vez de curtir alimentar nossas crianças, estamos ocupadas prestando atenção na bagunça que elas fazem.

A magia nos ensina a estar presentes, a viver o presente.

Se não nos preocupamos com o futuro, vivemos muito melhor, porém a escolha é sua. Porque de qualquer jeito o que tem de acontecer, acontece, simplesmente não adianta se preocupar. Ao contrário disso, sugiro que você se ocupe em preparar suas comidas com prazer. Sua boa energia dará um sabor inigualável aos pratos.

Boa sorte!

1. *BERINGELA PARA APERITIVO*

3 beringelas;
3 pimentões;
1 copo de óleo;
1 copo de vinagre;
3 cebolas em rodelas;
Orégano, pimenta-do-reino e sal a gosto.

Colocar em uma assadeira uma camada de beringela cortada em fatias compridas, outra de pimentão também fatiado. Por cima, depositar os temperos e levar para assar por meia hora. Remexer a mistura algumas vezes para que o tempero penetre.

Também faço essa receita na frigideira, coloco um ingrediente por vez e refogo. No final, misturo tudo e acrescento uva-passa, nozes e cheiro-verde.

2. Torta de liquidificador

3 ovos inteiros;
1 xícara de leite;
1 xícara de óleo;
2 xícaras de farinha de trigo;
1 colher de chá de sal;
1 colher de sopa de fermento em pó.

Bater no liquidificador e rechear com o que quiser. Fica uma delícia com um *Refogado de espinafre:*

Lave um maço de espinafre e separe as folhas e os talos mais finos. Pique-os bem pequenos, refogue-os com uma cebola e uma cenoura pequenas raladas. Quando tudo estiver cozido, escorra o excesso de água e coloque esse recheio no meio da massa. Por cima, polvilhe com queijo ralado. É ótimo para um lanche rápido.

3. Torta de queijo de minas

50 gramas de fermento para pão;
3 xícaras de farinha de trigo;
1 xícara de leite;
2 colheres de sopa de margarina;
Sal a gosto.

Dissolver o fermento no leite morno, junto com a margarina e o sal. Acrescentar a farinha, amassar bem e deixar crescer enquanto prepara o *Recheio*:

300 gramas de queijo minas fresco;
2 ou 3 ovos batidos;
100 gramas de queijo parmesão ralado.

Abra a massa e coloque a metade em uma assadeira. Arrume as fatias de queijo e, por cima, coloque os ovos batidos e o queijo ralado. Cubra a torta com o restante da massa, pincele com um pouquinho da mistura dos ovos e deixe crescer no mínimo por meia hora. Assar em forno de médio para quente por 25 minutos, ou até dourar.

4. Pastel de forno

1 tablete de margarina;
1 xícara de leite;
1 colher de fermento em pó;
Sal a gosto;
Farinha de trigo até dar ponto.
Fazer os pastéis e rechear com o que desejar; pincelar com gema de ovo e levar para assar.

5. Bolinho salgado de fubá

1 prato de sopa de polenta mole;
1 xícara de farinha de trigo;
1 ovo inteiro;
1 colher de chá de açúcar;
1 colher de sopa de erva-doce;
Sal a gosto.
Misturar tudo; se ficar duro, acrescente um pouco de leite.
Fritar em óleo quente às colheradas.

6. Torta de palmito

5 xícaras de farinha de trigo;
3 tabletes de margarina;
2 ovos inteiros;
1 colher de fermento em pó;
Leite até dar ponto;
Sal a gosto.
Amassar e deixar a massa repousando por uns 20 minutos.

Recheio de palmito

Em uma panela refogue:
1 cebola picada;
2 tomates;
1 lata de palmito;
1 lata de ervilha;
1 xícara de cheiro-verde;
Orégano e pimenta-do-reino à gosto.
Para dar uma consistência ao refogado, adicione meia xícara de leite e duas colheres de sopa de farinha de trigo. Assar essa torta em forno quente, coberta com uma gema de ovo batida.

7. SALGADINHO DE CEBOLA

3 colheres de sopa de margarina;
1 copo de óleo;
½ copo de água;
½ quilo de farinha de trigo;
1 colher de sopa de fermento em pó;
2 ovos inteiros;
100 gramas de queijo ralado;
3 a 4 cebolas cruas raladas;
Sal, pimenta-do-reino e orégano a gosto.

Amassar a mistura. Abrir a massa e cortar em quadradinhos para levar ao forno. Se der tempo, você poderá guardar esse biscoito em vidros, fica uma delícia.

8. MASSA DE PASTEL

½ quilo de farinha de trigo;
1 gema;
2 colheres de sopa de óleo;
1 colher de sal dissolvida em ½ xícara de água com 1 colher de açúcar.

Amassar bem e deixar descansar por dez minutos antes de abrir.
Recheio a gosto.

9. PATÊ DE SOPA DE CEBOLA

1 lata de creme de leite;
1 pacote de sopa de cebola.
Misturar os dois ingredientes e servir com torradas.

7

Beringela à Parmegiana

Mais uma vez a beringela! Apesar do seu sabor marcante e levemente amargo, ela se presta a mil variações e aceita muito bem todas as roupagens que quisermos colocar, da mesma forma que a nossa vida. O sofrimento é uma escolha, e, diga-se de passagem, bem pouco original!

Enquanto dirigia o meu Fiat pela Marginal congestionada, minha mente vagava livre do trânsito e da garoa fina que fazia as pessoas dirigirem seus carros ainda mais devagar. Pensava na minha vida e nos últimos e inesperados acontecimentos. Não estava me dirigindo ao longínquo Tibete, como era o meu sonho desde menina para fazer a tão desejada pesquisa sobre minhas "Vidas Passadas", mas a um espaço no bairro do Aeroporto onde uma sensitiva iria me revelar o passado.

Como já disse anteriormente, não aceitava o que estava vivendo. Simplesmente não via motivos para tanto sofrimento e nunca cogitei uma consulta a um psicólogo, pois queria ir mais fundo e entender o que "eu" tinha feito para merecer os frutos que agora colhia, porque tinha a certeza de nesta vida não ter feito nada tão errado.

Nunca vivi completamente inserida na vida cotidiana, sempre me alimentei de sonhos e ideias que na época pensava se tratarem apenas de fantasias. Um livro ou uma música eram o suficiente para me emocionar. O que de certa forma foi bom, pois nunca fiquei totalmente presa à triste realidade à minha volta. Sonhando, sempre haveria arestas que poderiam se abrir como o sol que encontra passagens entre os espaços nas nuvens. Divagando dessa maneira, cheguei 20 minutos antes da hora marcada para minha consulta.

Desci rapidamente as escadas e me apresentei à recepcionista, que pediu para eu aguardar um pouco. Não ousava me descontrair, pois a ansiedade tomava conta de mim. Sentia que minhas mãos estavam frias e suadas, e meu corpo rígido, por baixo de um agasalho de lã, enquanto pensava se finalmente iria compreender o que tinha feito para estar sofrendo tanto.

A recepcionista, acostumada a receber todo tipo de pessoa, agiu alegremente, como deveria ser o seu costume, e me ofereceu café, em seguida me deu uma ficha para preencher. Fiz de conta que achava tudo normal e corriqueiro, e sem desviar os olhos do papel tentei me concentrar nas perguntas, mas não sei ao certo o que respondi.

Em seguida ela disse:

– Pode tirar os sapatos, pois no salão nós entramos descalços...

Mecanicamente descalcei os pés e a segui.

– Vou ficar sozinha aqui deitada? – perguntei olhando para o enorme salão, sem conseguir disfarçar meu espanto, pois estava esperando por uma sala pequena e acolhedora.

– Sim – ela respondeu sem se envolver no meu sentimento.

– Olhe, deite aqui – disse ela, apontando para algumas almofadas juntas que formavam uma cama.

– Logo a.... vem aqui trabalhar com você. Fique tranquila, vou ligar o som e você tenta relaxar um pouco, está bem?

Pensei comigo: relaxar? Essa moça deve estar louca. Mesmo assim obedeci suas ordens e me deitei. Alguns minutos depois a sensitiva entrou na sala e se sentou ao meu lado, liberando-me da tarefa de relaxar. Inesperadamente ela começou o seu monólogo. Não interrompi, não fiz perguntas, só ouvi as palavras, que a princípio não faziam muito sentido. Mas, à medida em que ela continuava falando, comecei a me reconhecer naquelas frases soltas. Meu Deus, era assim que estava me sentindo! Solta na vida, sem direção, sem objetivos, sem expectativas, sem esperanças.

As sensações eram as mais estranhas, meu corpo pesado parecia estar sendo engolido pelo chão, enquanto minha mente flutuava. Ela, sem se abalar, continuava narrando uma vida em que fui mulher de um homem alcoólatra e violento.

Os cenários do presente eram outros, mas me sentia exatamente como aquela mulher que um dia fui eu... Ainda atônita com tantas informações, saí dessa primeira sessão meio perdida, mas com uma leveza no coração que não sentia há muito tempo.

Depois desse primeiro encontro, passei por um período muito louco. Queria salvar o mundo e principalmente meu então marido. Queria transformá-lo, indicando caminhos que estavam sendo bons para mim.

Fiz durante os anos seguintes incríveis excursões pelo mundo oculto do espírito, e como isso foi se tornando muito importante na minha vida, queria levar comigo quem estava à minha volta. Hoje sei que não adianta forçar, porque não mudamos as pessoas.

Querida leitora, não faça o que eu fiz... porque eu errei quando forcei a barra desejando modificar a natureza da pessoa que estava vivendo comigo. Hoje percebo que os outros devem ser respeitados, pois cada um tem o seu tempo, seus sonhos, seus próprios anseios, e temos de aceitar que às vezes simplesmente são diferentes dos nossos.

Mesmo querendo e trabalhando com todo afinco, não vamos modificar a vida de ninguém. Este incrível poder de transformador só pode ser usado para nós mesmos. Devemos aceitar que estamos com uma poção mágica que só atua em nós e que nem por isso deixa de ser importante. Afinal nascemos sozinhos e também morreremos solitários. A vida é uma experiência solitária, ainda que tenhamos muitos irmãos ou amores e casamentos; somos nós que sentimos as pessoas e nós que criamos o mundo à nossa volta.

Há algo mágico em criar o próprio mundo. Pense bem se não é assim? Falamos com as pessoas, mas a forma de elas reagirem ao que estamos colocando sobre a vida é uma escolha delas. Vez por outra encontramos canais de comunicação perfeitos, outras vezes não.

Existem pessoas que passam anos tentando se comunicar umas com as outras, e simplesmente não conseguem. Isto se chama sintonia. Ou melhor, falta de sintonia. Precisamos encontrar os pontos de conexão entre as pessoas, até entre nossos familiares, pois não há garantias de que as pessoas nascidas na mesma família falem a mesma linguagem.

Hoje compreendo e ensino aos meus alunos que relacionamentos são construídos. Não vêm prontos com embalagens que nos ensinem como usar... É preciso empenho e sensibilidade para nos conectarmos ao mundo dos nossos filhos, dos nossos pais, dos nossos companheiros na jornada da vida. Precisamos estar abertos, respeitar as pessoas e, principalmente, nos respeitarmos.

Muitas mulheres "trabalham" muito para um relacionamento dar certo. Para isso querem modificar seus parceiros para torná-los coadjuvantes no seu mundo. Esquecem que o mundo é delas e que eles, seus companheiros, têm seus próprios mundos nos quais elas também desempenham um papel.

Mundos que dão certo, relacionamentos que funcionam, são aqueles em que as pessoas partilham sonhos e dividem ideais. Pessoas que estão na mesma frequência vibratória... Assim não é preciso forçar o destino ou transformar as pessoas. Cada um é quem tem de ser. Transformar as pessoas simplesmente não funciona.

Mas nem tudo está perdido, você pode se transformar e, fazendo isso, transformará naturalmente o mundo à sua volta. Mesmo com nossa família de nascimento isso é possível, pois, dos maridos poderemos nos separar, ainda os empregos e os amigos poderemos escolher, mas a família... essa não tem escolha, pelo menos não neste plano de existência; e é com ela que teremos de desenvolver nossas maiores habilidades humanas e espirituais. Foi assim comigo e será com todas as pessoas. Se acaso não aprendermos nossas lições, elas se repetirão, e em outras vidas você voltará para aprender a magia mais importante que existe: a magia do relacionamento!

Na nossa aula de magia vamos falar um pouco de sintonia e de frequência vibratória. Estas são regras que coordenam este mundo invisível do espírito, e sabendo um pouco melhor da sua existência você se beneficiará. Acredite!

Nas receitas de comida você encontrará pratos que me ajudaram na passagem da alimentação usual para a vegetariana...

Conselhos Práticos de Magia: "Mudando a Frequência Vibratória"

Sintonia é a magia de sentir o mundo à sua volta. Como já expliquei anteriormente, as pessoas criam seus mundos. Os acontecimentos podem ser comparados com a temperatura, algo globalizado, porém cada pessoa sentirá mais calor ou frio de acordo com sua vibração pessoal.

É simples. Lembre-se de um dia em que você comeu algo muito pesado, uma feijoada por exemplo, naturalmente sentiu certa letargia; algumas pessoas sentem até sono depois de uma refeição pesada, isto porque nosso organismo trabalha duramente para digerir aquilo que compulsoriamente o forçamos a receber. Da mesma forma atuam os pensamentos. Quando estamos tristes, tudo à nossa volta fica impregnado com esse sentimento, assim baixamos nossa frequência vibratória.

Baixando nossa frequência como uma máquina que está funcionando mal, abrimos espaço para que doenças se manifestem em nosso corpo. Meus queridos Mentores espirituais sempre ensinam que primeiro adoecemos nos nossos sentimentos, depois a mente, para finalmente chegar ao corpo físico.

Para evitar ou melhorar um estado negativo, sempre poderemos fazer uso da magia... Se estiver triste, acenda uma vela para você mesma.

Um lembrete muito importante: não acenda velas para pessoas que não moram na sua casa, justamente para não atrair para o seu lar as energias que estão rodeando essas pessoas. Caso você deseje fazer uma oração para alguém, vá a uma igreja ou outro templo de sua preferência. Esses espaços possuem uma egrégora de luz que cuida de enviar suas boas intenções à pessoa necessitada. No plano espiritual uma igreja funciona como um correio, onde você pode encaminhar melhor suas orações. Funcionam maravilhosamente bem!

Como você já deve ter feito o seu altar, pegue uma vela da cor que desejar, siga sua intuição... escreva o seu nome em caracol, seguindo da base até o pavio, acenda e fique algum tempo observando ela queimar. Peça para seu anjo da guarda cuidar de você, aliviando o seu peso e melhorando sua percepção sobre a vida.

Aproveite e tome um banho de descarrego com sal grosso e, se possível, outro de ervas. Se estiver com os pensamentos muito negativos ou com muita preguiça, deverá repetir este pequeno ritual por sete dias seguidos. Faça e comprove a incrível mudança que você vai sentir...

AS CORES DAS VELAS E O QUE VOCÊ PODE PEDIR

Azul: Proteção, fé, força, poder.

Amarela: Sabedoria, intuição, clareza nos pensamentos.

Rosa: Amor, perdão, compaixão.

Branco: Limpeza, abertura de caminhos, purificação.

Verde: Cura, verdade aliada à diplomacia, correção.

Rubi: Amor incondicional, ajuda espiritual, amparo.

Violeta: Transmutação, limpeza energética, transformação.

Mudar a dieta

Ainda falando sobre sintonia, vamos abordar um assunto que sempre gera controvérsias: a dieta vegetariana.

Devemos lembrar que, quando ingerimos um alimento, estamos também ingerindo a energia que ele nos oferece, portanto quem come carne está comendo a energia que vem do animal.

Todo este capítulo fala sobre a frequência vibratória e que não devemos jamais interferir nas escolhas dos outros, porque elas são absolutamente pessoais. Porém, você poderá mudar as suas como melhor lhe aprouver. No meu caso a mudança aconteceu naturalmente. Apesar de não ter colocado neste livro receitas que usassem qualquer tipo de carne, na minha casa era comum encontrar esse alimento à mesa. Nunca gostei desse tipo de comida, mas também não me opunha. Fato é que, quando deixei definitivamente de comer carne, parei de passar mal do estômago. Desde criança dei muito trabalho para meus pais porque vivia passando mal. Assim, o médico homeopata cortou frituras, chocolates, etc., mas, somente quando deixei de comer carne, é que me curei.

Foi um espanto até para mim. Não estava esperando esse presente.

O processo de abandonar a carne foi gradual. Primeiro não comia mais carnes pesadas, depois não comia mais carne vermelha e, finalmente, deixei as carnes brancas. Sugiro que se você deseja deixar de comer carne, faça um acompanhamento médico; é sempre bom estar se cuidando.

Aqui faço algumas sugestões de pratos fortes, comidas para servir em uma festa, almoço ou jantar...

1. Beringela à parmegiana

2 beringelas grandes cortadas em rodelas e deixadas de molho em água e sal, para tirar o amargo;
1 ovo batido com sal, para empanar;
1 prato de farinha de rosca, para empanar.
Fritar as beringelas empanadas no ovo e na farinha de rosca.

À parte, fazer um molho suave usando tomates frescos picados, refogados com uma cebola grande também picada. Use e abuse do manjericão, pois o sabor diferente deste molho vem dele.

Em uma travessa refratária disponha em camadas o molho, as beringelas e, por último, uma camada de queijo muçarela. Leve ao forno para gratinar, ou ao micro-ondas. Sirva o prato acompanhado de arroz branco.

2. CHILLI COM CARNE DE SOJA

1 xícara e ½ de feijão cozido;
1 xícara de proteína de soja hidratada em 1 xícara de água;
1 pontinha de gengibre fresco fatiado em lâminas (o equivalente à 1 colher de chá);
1 cebola grande picada;
1 pimentão cortado em cubos;
1 lata de milho-verde cozido, ou duas espigas de milho fresco cozido e debulhado;
4 tomates picados;
2 ou 3 folhas de louro;
1 xícara de salsinha picada;
Orégano, pimenta-do-reino, pimenta-malagueta e sal a gosto.

Refogue o gengibre em um fio de óleo; quando já estiver dourado, acrescente a soja escorrida, retire toda a água, deixe dar uma cor.

Acrescente então a cebola picada, o pimentão e os tomates, fazendo um bom molho com os demais temperos; deixe cozinhar um pouco. Por último, acrescente o feijão previamente cozido e o milho-verde. Se precisar, acrescente mais água e deixe engrossar o caldo. Sirva quente com a salsinha por cima. Este prato é acompanhado com arroz branco ou integral. É ótimo para ser servido no inverno.

3. FEIJOADA VEGETARIANA

1 pedaço médio de gengibre, equivalente a um dedo fatiado em rodelas;
2 xícaras de proteína de soja, também conhecida como *seitan*, hidratada em ½ litro de água quente;
1 maço de bardana cortada em rodelas;
1 dente de alho moído;
3 ou 4 cebolas grandes picadas;
1 quilo de feijão preto;
1 pimenta fresca dedo-de-moça picada;
1 abóbora japonesa picada;
1 xícara de café de orégano;
10 folhas de louro;
1 maço de cheiro-verde picado;
1 maço pequeno de manjericão picado;
Azeite de oliva o suficiente para dourar os ingredientes.

Em uma panela grande, refogue o gengibre e a proteína de soja já espremida para retirar toda a água. Acrescente a bardana e os demais temperos e doure mais um pouco. Finalmente, acrescente o feijão preto e deixe cozinhar. Como a abóbora é macia, depois de uns 20 minutos coloque-a e, se necessário, acrescente também mais água. Deixe por último a salsinha e o manjericão, para o sabor ficar acentuado.

Este prato é servido com os tradicionais acompanhamentos: laranja fatiada, arroz branco, farofa de mandioca, couve refogada e molho vinagrete.

4. Lasanha vegetariana simples

1 pacote de massa de lasanha pré-cozida;
½ litro de leite;
½ litro de molho de tomate;
250 gramas de queijo tipo muçarela;
1 pacote de queijo;

Recheio à bolonhesa

Fazer um molho com:
1 xícara e ½ de proteína de soja moída, hidratada;
1 colher de sopa de gengibre cortado em lâminas;
1 cebola grande picada;
1 dente de alho amassado;
2 folhas de louro;
Sal, pimenta-do-reino e orégano a gosto;
½ litro de molho vermelho;
100 gramas de azeitonas descaroçadas;
1 maço de cheiro-verde picado.

Refogar o gengibre em azeite de oliva, acrescentar a proteína de soja previamente escorrida, a cebola, o dente de alho e demais temperos, deixar pegando uma cor por alguns minutos. Acrescentar o molho de tomates e a azeitona. Quando já estiver cozido, acrescentar o cheiro-verde.

Modo de montar a lasanha:

Em uma forma refratária untar com um pouco de óleo, colocar o molho de tomates simples e ir dispondo a massa da lasanha, o molho à bolonhesa, o queijo muçarela fatiado e, por último, o leite previamente fervido.

Cobrir com as fatias de muçarela e o queijo ralado. Levar o recipiente ao forno, coberto com papel alumínio, por 20 minutos, ou no micro-ondas tampado por dez minutos; esperar mais dez minutos para terminar o cozimento.

5. LASANHA VEGETARIANA PARA FESTA (COM DOIS RECHEIOS)

1 pacote de massa de lasanha pré-cozida;
½ litro de leite;
½ litro de molho de tomate;
250 gramas de queijo tipo muçarela;
1 pacote de queijo.

Recheio de couve-flor ao molho branco

Refogar em uma panela três colheres de sopa de margarina, uma cebola média picada, um dente de alho amassado, uma pitada de noz-moscada ralada na hora, uma pitada de pimenta-do-reino, acrescentar duas xícaras de leite, com 20 colheres de sopa de amido de milho dissolvido. Deixar engrossar e, por último, acrescentar meia couve-flor cortada em gomos aferventada. Reserve.

Recheio Verde

Refogar uma cebola pequena em duas colheres de margarina, com meio maço de espinafre ou brócolis; colocar um pouco de sal e pimenta-do-reino. Quando estiver cozido, acrescentar uma colher de sopa de farinha de trigo para engrossar. Reserve.

Modo de montar a lasanha:

Em uma forma refratária grande coloque um pouco de azeite no fundo, em seguida molho de tomate e disponha as folhas da lasanha e um pouco de leite; em seguida, coloque o recheio de couve-flor. Por cima, vá montando a outra camada alternando com molho de tomate e o leite. Cubra com o recheio verde e mais uma camada de lasanha. Por último, termine de colocar o leite e o molho de tomate. Cubra com o queijo muçarela e o queijo ralado. Este prato rende bastante. Levar ao forno tradicional, coberto com papel alumínio, para não queimar por cima, descobrir apenas na hora de dourar. Se você preferir, pode usar o micro-ondas por uns dez minutos com o prato coberto, tempo de pausa mais uns dez minutos.

Sirva quente acompanhado de uma bela salada verde, é o suficiente. Você poderá substituir os recheios à sua escolha. O molho verde pode ser com qualquer verdura. O molho branco pode ser com abobrinha, chuchu, beringela; enfim, o que sua família mais gostar.

Segredo no preparo da proteína de soja

Muita gente diz que não suporta proteína de soja; mas acho que isso se deve a não saber como temperar esse alimento. Realmente, quando deixamos a carne temos de reaprender como realçar o sabor dos alimentos. Tenho usado para isso o gengibre refogado com cebola, alho e demais temperos; o sabor fica marcante e levemente apimentado, mas sem os transtornos que o uso excessivo da pimenta causa à nossa saúde. Não esqueça de acrescentar folhas de louro e, se gostar, também pode usar pimentão picado.

Veja algumas das propriedades do gengibre:

O gengibre é um antibiótico natural e aliado na cura de dores de garganta e resfriados. Também atua como um poderoso afrodisíaco.

Chá de gengibre com cravo, canela, adoçado levemente com mel previne os resfriados e proporciona a maravilhosa sensação de aconchego. Aproveite para servi-lo nas noites frias e experimente tomá-lo a dois.

8

Doce de Pêssego em Calda

Se o pêssego é uma fruta maravilhosa, imagine em uma suave calda de açúcar, cravo e canela? Assim também é a energia divina, algo naturalmente bom, mas que se torna ainda melhor quando entramos em contato com ela.

A manhã estava nebulosa e fria como todas as manhãs de outono, mas naquele dia observei da janela da minha espaçosa cozinha que o ar estava estranhamente silencioso. Logo nas primeiras horas da manhã, podia-se ouvir ressoando dos fundos da minha casa um burburinho de crianças acordando e de adultos circulando apressados em busca de água para sua toalete matinal, porém esse dia parecia diferente.

Achei bobagem o que sentia, pois tudo estava normal como sempre foi, mas ainda assim a atmosfera estava pesada. Sem dar maior importância à minha intuição, que claramente sinalizava que algo não estava bem, me entretive nas muitas obrigações, apenas refletindo que logo esse sentimento iria embora e de novo me sentiria bem.

Não era dada a rompantes de mal humor, pois sempre acreditei em Deus e na sua divina providência, que sempre me ampararam quando precisei, não me dando o direito de reclamar da vida, por isso não compreendia o que se passava comigo.

– Por que meu coração está apertado? – eu me perguntava.

Pensava que minha fé justificava o fato de ter transformado a casa que fora dos meus pais em um albergue para acolher os menos favorecidos pela sorte... afinal, os tempos eram bicudos e, se eu não fizesse o que meu coração pedia, quem faria por mim?

"Meu Deus, será que sempre fui assim?", pensava intrigada enquanto as imagens se projetavam dentro de mim, sem que pudesse controlar o que sentia... Será que sempre fui tão impulsiva, agindo pelo coração e não pela razão?

Será que também nunca respeitei minha intuição?

Enquanto parte do meu cérebro se concentrava no tempo atual, todo o restante do meu ser vivia aquela experiência extremamente dolorosa que atravessei em uma vida passada.

Meu tão sonhado desejo se concretizava. Estava finalmente visitando o meu longínquo passado. Sofrendo todas as dores, chorando lágrimas tão pesadas quanto as que nos últimos tempos estavam no presente ofuscando meus olhos.

Jaqueline estava de volta, sua dor, sua morte, a traição que ela sofreu estavam novamente vibrando no meu coração. Eu era ela!

Aquela última semana tinha sido especialmente difícil para mim. Havia sentido muitas dores, principalmente na cabeça, o que me assustou porque nunca tive nenhuma doença. Afinal, o que acontecia comigo? Eu me perguntei muitas vezes.

Quando cheguei para fazer a regressão naquela tarde, os sintomas tinham piorado, mas mesmo assim não desmarquei meu horário. A terapia seguia um rumo interessante e imprevisto, portanto não deveria desistir. Assim havia ponderado a sensitiva que cuidava de mim... Por isso, mesmo indisposta, compareci a mais aquela sessão que transformaria toda a minha vida.

Eu fui Jaqueline, aquela moça cheia de sonhos que não aceitou os limites impostos pelo seu tempo. Aquela pessoa altruísta que abrigou em sua própria casa os que passavam necessidades e que morreu queimada como bruxa, sendo acusada inclusive por aqueles que ela havia ajudado...

Depois dessa regressão, passei a ver as vidas passadas de todas as pessoas que cruzavam a minha frente, o fenômeno não se apagou, como eu imaginava a princípio. Não foi apenas um rompante, como pensei. Eu não sabia, mas havia atravessado a soleira das portas do desconhecido, e esse estranho rumo se mostrou um caminho sem volta para mim...

Nos anos seguintes, em meio a alegrias, lutas e decepções, fui modificando antigos hábitos e me adaptando aos novos tempos que se descortinavam. Jamais, depois daquela regressão, tornaria a ser a mesma pessoa. Graças a Deus, jamais voltaria ser a mesma pessoa.

O mundo mágico para o qual havia virado as costas vinha novamente ao meu encontro, só que agora não fecharia as portas para o espírito. Desde a regressão em que descobri ter sido Jaqueline, tudo havia se tornado mais colorido, sabia que ela havia deixado um grande amor, e só de saber que uma vez na vida eu havia verdadeiramente amado, já valia a pena o desencanto que enfrentava no momento presente.

Quem não viveu um grande amor, não viveu... conjeturava cheia de pensamentos românticos, ainda perturbada sem saber por que havia morrido de maneira tão trágica e o porquê de tanto sofrimento. Estas perguntas ressoavam em mim. Pensava que logo encontraria as respostas e que a colcha de retalhos que minhas vidas passadas estavam formando em breve faria sentido, e assim, cada vez mais envolvida por este trabalho de autoconhecimento, continuei a terapia. Para meu espanto, na sessão seguinte não veio a continuação dessa história de amor interrompida, e sim um índio falando que era meu guia espiritual e que queria incorporar para trabalhar com o auxílio da minha pessoa.

Dá para imaginar meu espanto em pensar em incorporar um índio? Estava atônita. Contrariando minhas expectativas, Seu Pena Verde veio para ficar e, sem que eu pudesse controlar, começou a ensinar as pessoas à minha volta a fazerem banhos de ervas, chás e pequenos rituais de cura. Ele era um pajé que me escolheu para dar passagem aos seus ensinamentos, justamente porque eu não conhecia rituais religiosos e não interferia no seu trabalho. A mediunidade era assim comprovada. Enquanto a aproximação do Seu Pena Verde acontecia, eu pensava:

"Tudo muito lindo, mas como é que eu fico nessa história? O que vou fazer com essa mediunidade?" Enquanto não encontrava respostas para tantas coisas novas em minha vida, continuei me dedicando ao processo de autoconhecimento e autocura. Com muito afinco pratiquei meditação, estudei os luminosos ensinamentos de Sai Baba e me aprofundei nos estudos sobre as ciências espirituais. Devo dizer que Deus foi tão maravilhoso que me cercou nesse período de pessoas sérias e competentes. Enquanto aprendia os mantras e afinava minha voz, melhorava minha compreensão sobre os mistérios do espírito.

Hoje sei que quando damos um passo na direção de Deus, Ele dá cem em nossa direção. E agora, quando meus clientes reclamam da vida, sempre conto a minha história, porque não me envergonho de nada do que fiz. Mesmo das coisas erradas. Os muitos Mestres espirituais que vieram se apresentando na minha vida me ensinaram que o passado é perfeito...

Se posso lhe dar um conselho, minha querida amiga, desejo lhe dizer para nunca maldizer suas experiências, pois somente errando é que nos tornamos aptos a aprender. Errar é parte do acerto. Errar, como os mentores costumam dizer, é humano. Ainda há pouco, revendo o meu passado, fiquei um mês com um princípio de resfriado que não terminava. Meus amigos terapeutas me indicaram tratamentos, deram-me carinho, mas eu sempre soube que mexer no passado nunca é indolor, porque ainda que tenhamos compreensão e entendimento sobre tudo o que vivemos, temos de aceitar a perfeição das lições aprendidas. E principalmente nos perdoar por tudo aquilo que fizemos e que hoje consideramos errado.

O perdão é a mais alta demonstração de amor. O perdão é Deus em ação em nossas vidas, e vou mais longe, se não nos perdoamos, não permitimos que Deus faça em nós suas revoluções.

Recebo hoje muitas pessoas que desejam profundamente transformar suas vidas e reescrever suas histórias, mas infelizmente poucas delas têm a coragem suficiente para levar a cabo a mudança necessária para a própria libertação. Todas querem se libertar do passado como se libertariam de um lixo no caminho, mas se esquecem ou não sabem que libertar é perdoar, e perdoar é um artigo de luxo.

Partilhei os derradeiros momentos com alguns pacientes terminais de câncer, e vi nessas pessoas o genuíno arrependimento, mas através da visão espiritual também vi um profundo sentimento de culpa. Como gostaria de ter ajudado mais. Como gostaria de pegá-los no colo como faria com um filho. Como me senti solidária e impotente ao mesmo tempo. Nessas horas foi difícil lembrar que Deus em sua sabedoria acerta tudo, que somos eternos e que a experiência carnal é temporária. Mas, jamais podemos esquecer que o acerto só é possível por meio dos nossos muitos erros. Por isso, minha querida amiga, perdoe-se.

Treine para perdoar.

Aprenda como se faz, e faça.

Deus, nesses últimos tempos, passou a acumular funções à minha volta. Tenho tentado vê-lo nas outras pessoas e também nas circunstâncias da vida, mas devo dizer que o mais difícil continua ser enxergá-lo dentro de mim.

Neste capítulo vamos falar da magia de ver com os olhos da mente. Quanto às receitas, vamos abordar pratos suaves para alimentar também a nossa alma.

Conselhos Práticos de Magia: "Visualização Criativa"

Muita gente pensa que não consegue praticar meditação, visualização ou qualquer outra prática que exija silêncio e introspecção. Isso não é verdade, pois estamos o tempo todo criando imagens em nossa mente. Pensamos incessantemente, nosso cérebro não tem tréguas. Inclusive quando dormimos as ondas mentais continuam nos trazendo reflexos ao nível consciente em forma de sonhos.

Entretanto, se analisarmos que somos aquilo que pensamos, muitos de nós ficarão bastante preocupados, porque nem sempre nossos pensamentos são positivos, edificantes e construtivos. Não é?

Quando uma mãe pensa nas desgraças do mundo e nos perigos que os filhos estão correndo todos os dias indo e voltando da escola, ela cria um programa mental negativo muito forte e acaba por consumir sua energia positiva. Cabe a nós ter alguma consciência e modificar nossos pensamentos.

Devemos estar atentos e praticar as sábias palavras de Mestre Jesus: "Orai e vigiai."

Já naquele tempo o homem desavisado se perdia em seus pensamentos; de lá para cá pouca coisa mudou, já que as pessoas continuam tendo de enfrentar os desafios diários em busca de trabalho, realização, etc.

A Visualização Criativa tem sido bastante usada por terapeutas que atuam na área alternativa, porque é uma forma simples de ativar padrões positivos nas pessoas. Aqueles que praticam yoga ou relaxamento já conhecem esta poderosa técnica e podem atestar sua força.

Ainda podemos observar que muitas novas formas de tratar o homem tem surgido nessa linha de pensamento, a neurolinguística por exemplo é uma delas. O terapeuta então desativa padrões antigos e coloca novos e construtivos pensamentos. Vamos ver como funciona?

Parte Prática: limpando padrões

Faça uma lista do que gostaria de modificar em sua vida.

Escreva frases simples que resumam as mudanças.

Escreva sempre de uma forma positiva: *"Eu gosto de comer porções pequenas"; ou "sinto-me feliz comendo somente o que me satisfaz".*

Crie suas próprias frases, porque elas terão um significado pessoal.

Escreva essa lista de frases positivas e carregue-a com você quando sentir algum medo, dúvida ou tensão. Leia e mentalize as frases novamente.

Reafirme sempre essas mudanças que você está tentando assumir.

Doce e Suave

Doce como uma lembrança suave e como um carinho!

É assim que deve ser a energia que colocamos em nossos pratos. Nós e nossos filhos merecemos uma comida mais saudável. Muitas pessoas confundem açúcar com carinho, e aí mora todo o perigo. Um doce pode ser extremamente saboroso e não necessariamente muito açucarado.

Tudo o que você fizer na sua cozinha faça com bom senso. Esse é o melhor tempero: bom senso. Nem muito açúcar, nem muito sal, nem muita pimenta, mas muito carinho e muito sabor!

Vamos às receitas?

1. Doce de pêssego em calda

Quem me ensinou este doce foi a esposa do Sr. Brandão, um amigo muito querido do meu pai. Achei uma delícia e na época certa saio em busca dos pêssegos verdes, que são vendidos por quilo na feira livre.

4 quilos de pêssego verde descascados;
2 litros de água;
1 quilo de açúcar;
1 colher de sopa de cravo em pó;
1 lasca grande de canela.

Em uma panela grande, aferventar os pêssegos com o açúcar e os demais temperos. Fazer uma calda rala e desligar o fogo com os pêssegos ainda firmes. Deixar repousar por um dia na panela. Guardar em vidros grandes na geladeira.

2. Mad Mary

1 Pacote de maria-mole dissolvido em 1 xícara de água quente (cuidado para não ferver);
1 lata de leite condensado;
1 lata de leite de vaca;
1 lata de creme de leite.

Bater todos os ingredientes no liquidificador e levar para gelar.

3. Figo rami

Dona Ilda me ensinou fazer este doce. Ela, que sempre foi muito cuidadosa, costumava fazer esta delícia para servir para sua família. Obrigada, Dona Ilda, por tudo, muito obrigada!

4 caixas de figo;
2 a 3 xícaras de açúcar;
4 cravos-da-índia.
Colocar o figo em camadas em uma panela de pressão. Levar ao fogo por 40 minutos com um suporte, para não grudar no fundo. Abrir a panela somente no dia seguinte e, se necessário, tirar os figos e apurar a calda cozinhando-a separadamente um pouco mais.

4. Mousse de maracujá

Minha irmã Beatriz adora receitas fáceis e é a rainha das musses; ela tem diversas variações para esta sobremesa.

1 lata de leite condensado;
1 lata de creme de leite;
1 lata de leite de vaca;
O suco de 4 maracujás grandes batidos no liquidificador e peneirados;
1 pacote de gelatina sem sabor, dissolvido como manda a embalagem.
Misturar todos os ingredientes e levar para gelar.

5. Coquetel de frutas

Receita que a Tia Cida servia em todo almoço de natal. Posso ainda me lembrar do creme de leite batido que ela colocava por cima e da animada mesa montada na sua "sala de visitas". Tudo feito com muito carinho.

1 pacote de gelatina de limão;
1 lata de pêssegos em calda.
Prepare a gelatina como manda a embalagem e adicione o pêssego picado. Coloque em taças e leve para gelar. Com a calda do pêssego misture uma lata de creme de leite, bata bem e cubra as gelatinas depois de geladas.

6. Pudim de padaria

2 copos e ½ de leite;
1 copo de açúcar;
3 ovos inteiros;

1 copo "mal cheio" de farinha de trigo;
1 pacote de coco-ralado.
Bater no liquidificador e colocar em uma forma caramelizada com furo no meio. Assar em banho-maria por aproximadamente 40 minutos.

7. Maravilha com frutas secas

Mais uma vez minha amiga Anna Maria, mestre em comidas diferentes e naturais. Este é um prato simples e fantástico.

Escolha 400 gramas de frutas secas sortidas, pode ser damasco, uvas-passa, ameixa preta, peras, etc. Em uma panela grande acomode as frutas e cubra-as com bastante água, no mínimo duas vezes a altura das frutas. Leve para o fogo; quando levantar fervura, desligue e deixe tampado até o dia seguinte. As frutas serão assim novamente hidratadas e dobrarão de tamanho, por isso é importante pôr bastante água. Se quiser, acrescente cravo e canela a gosto. Sirva frio.

8. Brigadeirão de micro-ondas

Esta receita é da Fran, nossa querida Maria Francisca, mineira, delicada, que não tem medo de mostrar sua sensibilidade em poesias no seu blog. Parabéns Fran, continue ousando ser você mesma.

1 lata de leite condensado;
1 lata de creme de leite ou 1 vidro (200 ml) de leite de coco;
3 ovos médios ou grandes (ou 4 pequenos);
1 xícara de chá de chocolate em pó;
1 colher de sopa de manteiga ou margarina;
100 gramas de chocolate granulado;
Cerejas para enfeitar (se quiser).
Coloque todos os ingredientes no liquidificador e bata. Despeje em uma forma untada com manteiga ou margarina e leve ao micro-ondas por nove minutos em potência alta. (A forma pode ter furo no meio ou ser uma tigela).
Deixe esfriar e desenforme (passe uma faca nas bordas e no meio, para soltar da forma, antes de virar em um prato ou travessa). Salpique com o granulado e decore com cerejas.

9

Curry de Legumes

O sabor inconfundível de novos sabores sempre vem modificar o gosto daquilo que já conhecemos. Um novo tempero é também uma nova vida!

Podia-se observar ali do alto que a cidade se preparava para o merecido descanso depois de um dia estafante de trabalho. Era um fim de tarde alaranjado com pássaros fazendo voos rasantes. Um bando passou gritando sobre minha cabeça, fazendo-me instintivamente segui-los até seu novo pouso em uma frondosa árvore. Enquanto olhava o rumo certeiro daquelas aves se recolhendo, pensava em minha vida e nos caminhos incertos à minha frente; naquele momento não sabia bem aonde ir.

O céu a cada minuto se tornava magnífico, cheio de cores, e uma suave neblina começava a cair sobre meus ombros, o que me fez estremecer e fechar o agasalho de lã. Ainda assim, aquele estranho sentimento que estava comigo não me permitiu mover-me dali. Fiquei esperando por mais um voo rasteiro daquelas aves que sabiam para onde ir, e deixei o tempo passar...

Sozinha ali em pé na sacada do Hotel Ambassador em Nova Delhi, observando o voo dos pássaros, em meio a muitos pensamentos confusos e um medo indecifrável do futuro, subitamente me senti sendo acolhida e tive a certeza de que seria guiada igualmente àquelas aves. Senti como se houvesse também para mim um caminho a seguir. Cheguei naqueles instantes à conclusão de que poderia tomar conta da minha vida, que Deus assim como cuida dos pássaros também deveria ter um plano que me conduziria, mesmo que no momento eu não soubesse ao certo qual seria.

"Não precisava de ninguém..." Este pensamento muito louco, muito diferente de tudo o que já havia pensado sobre mim mesma, soou como uma campainha estridente em minha cabeça.Não preciso de ninguém! Como um mantra, ele se repetia.

Até então os últimos acontecimentos que havia vivido pareciam um sonho. Viajar para a Índia às minhas próprias custas, ver Sai Baba e sentir sua presença eram sinônimos de conviver com um novo universo de sentimentos, ideias e esperanças. Mesmo agora estando em Nova Delhi, essas não pareciam coisas reais...

Minha vida até aquela viagem tinha sido previsível e monótona, dentro dos limites do aceitável. E nessa tarde fria do inverno indiano compreendi que estava tudo diferente e eu era um ser livre...

Um ser livre!

Não precisava mais viver com uma pessoa que não amava e mal suportava. Não precisava mais fingir, diminuir minhas crenças e tentar ser boazinha com as outras pessoas. Estava, a despeito dos meus receios, caminhando em um rumo certeiro para ser quem nasci para ser: um ser livre!

Claro que não amadureci todas essas ideias e sentimentos na Índia, e sim ao longo dos últimos anos, já que afinal vinha de um profundo trabalho de aceitação da minha natureza, mas foi lá naquele terraço que subitamente tomei consciência do gigante que estava adormecido dentro de mim.

Havia estado no Ashram de Sai Baba por 21 dias e foi uma experiência maravilhosa. Estive o tempo todo convivendo comigo mesma como nunca antes em minha vida. Ouvi, dialoguei, fugi e me deparei com minhas ideias o tempo todo. Havia viajado com um grupo de pessoas e com uma amiga que foi muito importante no meu processo de despertar, e a quem até hoje tenho profundo apreço, mas a grande viagem fez sentido quando pude estar em contato com meu interior, com minha alma.

Fui educada para ser uma boa moça, e estava cheia de ideias confusas sobre o assunto. Pensava que a boa moça não tinha direitos, mas somente deveres. Assim, durante todos esses anos da minha juventude, cumpri minhas tarefas como uma obrigação. Não fiz nada por prazer, não me permiti sentir alegria, não me permiti ser eu mesma. Desesperadamente tentei ser aceita pelas pessoas que estavam à minha volta, constantemente modificando meu comportamento para tentar agradá-las. Fiz isso com minha mãe, com meu marido e com sua família, e nos últimos tempos de enganos, tinha feito isso até comigo mesma. Agora me sentia livre, como nunca antes. Livre para ser eu mesma!

Foi o sentimento mais maravilhoso, mais inteiro que jamais experimentei. Esse sentimento é o que mais próximo imagino de Deus.

Voltei para São Paulo ainda um pouco confusa, mas sabia que nada ficaria nos antigos eixos. O ponto de equilíbrio havia sido modificado. Não estava mais baseado na opinião alheia e sim centrado no meu coração. Estava finalmente aprendendo a me amar e a me soltar.

Gostaria imensamente de transmitir exatamente essa força que descobri dentro de mim. Gostaria de fazer as pessoas enxergarem dentro delas todo esse mesmo potencial que a aceitação me proporcionou. Hoje sei que aceitação não é um sentimento que vem de Deus fora; aceitação vem de Deus dentro. É real, palpável e maravilhosa.

Libertar-se de querer agradar os outros é fundamental para que isso aconteça. Observe que não é preciso ofender, chatear e muito menos magoar ninguém. É claro que é preciso estar consciente de que toda mudança interna afetará o mundo externo, mas é absolutamente fantástico aceitar-se.

Algumas pessoas nascem com a autoestima mais desenvolvida, porém outras precisam aprender duramente sobre o incrível valor que está dentro delas próprias. A partir da Terapia de Vidas Passadas compreendi muitas coisas, inclusive que se não aprendermos determinadas lições, elas sempre retornarão para nossa vida. É nossa alma que reencarna, recriando os cenários. Assim, não há mal que dure para sempre, nem bem que seja eterno, então vamos sempre reavaliando os fatos à nossa volta, modificando tudo o que for possível.

Se você está tentando ser amado, por favor, deixe disso. Invista em você mesmo, e por favor, em vez de esperar dos outros, se ame.

Cuide-se com carinho. Dê atenção aos seus sentimentos. Não adianta tentar ser bonzinho se o coração está magoado, triste ou insatisfeito. O mundo de vítimas e vilões precisa deixar de existir dentro das pessoas para que elas se libertem. Não existem pessoas más, mas ignorantes ou até mesmo incompatíveis com suas ideias. O bom também é totalmente relativo. Quem é ou foi realmente bom para você? Com quem você mais aprendeu em sua vida, com aquela pessoa que alisou você ou com aquela que foi um desafio?

Precisamos aceitar os outros, assim como temos que nos aceitar. Falhas todos têm, problemas também, então, para a convivência, é preciso deixar as coisas passarem sem dar muita importância aos fatos e atitudes alheias. Esse é um conceito que emerge dentro de nós como fruto do amadurecimento da nossa alma. É o contato com nosso Deus interno que nos proporciona essa conquista.

Com o exercício do amor em nossas vidas aprendemos a nos amar tanto que passamos naturalmente a compreender melhor as pessoas à nossa volta e deixamos de valorizar tanto suas faltas.

Viver em liberdade e deixar as outras pessoas viverem suas próprias histórias foi a lição mais importante que tirei dessa primeira viagem à Índia, país pelo qual tenho profunda admiração e respeito.

A forma como o indiano vive é realmente admirável, eles estão o tempo todo treinando a convivência, seja ela religiosa, econômica, social e até racial. Lá, a despeito das ideias românticas que muitos ocidentais têm sobre uma vida voltada à espiritualidade, é um país que vive profundamente suas diferenças. As pessoas na Índia precisam ser muito esforçadas para sobreviver, às vezes tendo de enfrentar uma jornada dupla de trabalho para sustentar uma numerosa família.

Um amigo nosso uma vez disse brincando: "carma é tomar ônibus na Índia". Quando me lembro de como é o transporte público naquele país, acho que ele tem razão...

Enfim, quando deixamos de romancear a vida e passamos a vivê-la, tudo se esclarece e se torna mais fácil. Como um *Curry* de Legumes, vez por outra é preciso inovar e experimentar novos sabores.

Há algo mais mágico do que se libertar de padrões antigos e experimentar novos sabores na vida? Há algo mais mágico do que aprender a se amar?

É sobre isso que falaremos a seguir, neste trecho sobre magia. As receitas desta vez possuem um toque indiano, porém com o tempero adaptado para o gosto dos brasileiros. Vamos lá?

Conselhos Práticos de Magia: "Desenvolvendo a Autoestima"

Se você não se amar, ninguém mais irá fazê-lo. Em uma recente reunião de canalização das mensagens dos *Mestres da Fraternidade Branca* recebemos uma mensagem que considero muito importante, em se tratando de desenvolver a autoestima, pense sobre isso:

> *"Na vida de vocês façam cada ato ser de amor, de enriquecimento, de sabedoria, de amparo, de ajuda. Façam que os sentimentos de vocês sejam muitas vezes maiores que a compreensão, porque mesmo que muitas vezes vocês não compreendam as coisas que os cercam, como a desilusão, momentos de dor, haverá em vocês sempre a capacidade de sentir.*
>
> *Sentir não os engana, sentir não mente. Sentir é a capacidade divina de amar.*

O homem esteve tanto tempo aprisionado que não sabe mais o caminho do amor. O homem não sabe que antes de amar ao próximo é preciso que antes ele ame a si mesmo.

Amar não é um ato egoísta de ver em si mesmo as qualidades que cada um tem. Amar é o ato de reconhecimento do Cristo interno, do Divino em cada um.

Como disse Mestre Jesus: "Ama ao próximo como a ti mesmo".

Eu lhes pergunto: – Vocês se amam? Vocês conhecem a sua divindade? Vocês reconhecem a sua luz, a sua capacidade de amar, a sua generosidade, a sua compreensão?

Eu lhes pergunto: – Vocês sabem ver o belo em cada um de vocês?

Sendo assim, ou melhor, não sendo assim, é compreensível que vocês não saibam ainda oferecer amor...

Acordem, despertem da ignorância e reconheçam a divindade que habita em vocês. Reconheçam o divino, a capacidade do perdão, da humildade, do trabalho desprendido em vocês mesmos, e poderão pôr em prática as palavras do Mestre Jesus: – "Ama ao próximo como a ti mesmo".

Enquanto o homem não amar a si próprio, ele estará oferecendo ao outro tortuosos pensamentos, conceitos e ideias, atrelando-se ao carma e impedindo a sua libertação. Com isso, impedirá também a libertação de todos aqueles que estão junto com ele vivendo a experiência familiar, amorosa, de relacionamentos e até profissional.

Meus filhos, o grande ensinamento da libertação do carma é o amor próprio. Jamais confundam amor próprio com egoísmo ou narcisismo.

Amar a si mesmo é reconhecer o seu Cristo interno, o seu ser de luz.

É este o grande momento do homem: aprender e reconhecer sua luz.

*Sou **Seraphis Bey**, e deixo em vocês estampada a minha presença. Recebam minha luz."*

COMIDA INDIANA

A Índia tem em seus muitos temperos a incrível miscigenação que toma conta de todas as outras áreas da vida desse povo. O famoso *Curry* nada mais é que uma miscelânea de temperos. Aqui, no Brasil, como não poderia deixar de ser, também temos uma propensão para o coletivo e temperamos nossas comidas com uma grande riqueza de sabores.

Na Bahia e em todo o Norte e Nordeste, pude comprovar esse inconfundível poder se misturar, recriar e mistificar o sabor. Somos alquimistas por natureza. Acho que faz parte da maneira de viver de um povo o uso dos seus temperos e de sua magia.

Outra característica que temos em comum com a Índia no que diz respeito à culinária é o nosso gosto por frituras. O povo indiano também adora e usa constantemente uma espécie de massa à base de farinha de trigo e água que ensino a seguir. Veja como é tudo fácil...

1. CURRY DE TEMPEROS

Moer junto: pimenta-malagueta, cominho, coentro, açafrão. É um pouco parecido com o nosso *Tempero Baiano* vendido nas feiras livres.

2. MASSA DE ÁGUA PARA FRITAR

½ copo de água;
½ copo de farinha de trigo;
Sal a gosto.

Você pode usar esta misturinha para empanar qualquer legume, e depois fritar em óleo quente. Com abobrinha fica uma delícia.

3. CURRY INDIANO À BASE DE GRÃO-DE-BICO

500 gramas de grão-de-bico, deixado de molho de um dia para o outro e cozido na própria água. Reservar.

Em uma panela grande refogar:

Um bom pedaço de gengibre picado em lâminas, em duas colheres de sopa de óleo bem quente, uma lasca de canela em pó, seis cravos indianos, e acrescentar:

2 cenouras grandes picadas;
4 batatas grandes picadas;
½ couve-flor separada em gomos.

Quando os legumes estiverem macios, acrescentar o grão-de-bico (já cozido) e o molho de tomate.

Molho de tomate simples (bater no liquidificador e reservar)

1 quilo de tomates maduros;
1 cenoura média picada;
1 cebola grande picada;
1 xícara de cheiro-verde picado.

Depois de haver batido o molho, acrescentar: uma pitada de sal, pimenta-do-reino, canela em pó, quatro cravos-da-índia, dois cardamomos e uma folha de louro.

Toque indiano (opcional)
Por último, colocar:
1 colher de sopa de tempero baiano;
1 colher de sopa de *curry*;
1 colher de sopa de açafrão;
1 xícara de coentro picado bem miúdo.

4. ARROZ TIBETANO

Cozinhar duas xícaras de arroz simples e reservar. Acrescentar depois de cozido:
½ abacaxi picado miudinho;
2 xícaras de amendoim torrado com sal;
2 xícaras de cheiro-verde picado.

5. GOBI MANCHURIAM

Este prato com nome complicado aprendi na Índia. É uma couve-flor empanada com molho de *shoyo*. Simplesmente fantástica.

Aferventar uma couve-flor grande separada em pequenos chumaços.

Empanar depois de frio em uma massinha feita apenas com farinha de trigo, água e sal. Fritar em óleo quente e reservar.

Fazer um molho de soja especial com:
3 colheres de sopa de gengibre fresco fatiado em lâminas;
1 dente de alho amassado;
2 colheres de sopa de óleo;
½ xícara de molho de soja (*shoyo*);
Sal e pimenta-do-reino a gosto.
½ xícara de água com 2 colheres de sopa de amido de milho dissolvido.

Em uma panela refogar o gengibre com o alho no óleo quente. Acrescentar o molho de soja e os temperos. Por último, a água com o amido de milho dissolvido. Engrossar. Colocar por cima da couve-flor já frita. Salpicar com uma xícara de cebolinha fresca picada. Servir o prato acompanhado de arroz branco.

6. Paté de ervas e ricota

½ ricota esfarelada;
Azeite de oliva;
7 azeitonas verdes picadas;
½ xícara de salsinha picada;
1 colher de sopa de manjericão picado miudinho;
½ xícara de maionese *light,* para misturar;
Orégano e pimenta-do-reino a gosto.

7. Bifinhos de cenoura e abobrinha

1 cenoura grande;
1 abobrinha ralada no ralo grosso;
3 colheres de leite;
3 colheres de farinha de trigo (dependendo do tamanho da abobrinha, põe um pouco mais porque junta água);
1 ovo inteiro;
½ xícara de cheiro-verde picado.

Misture tudo e leve para fritar em uma frigideira "T-Fal" com um pingo de óleo. Serve uma farta refeição. Se desejar, pode servir com molho e queijo ralado.

8. Singapour potatos

Este prato nós saboreamos em um restaurante tibetano em Puttaparthi. Quando não jantávamos na cantina do ashran de Sai Baba, que tinha uma comida muito boa mas uma fila interminável também, dávamos uma escapulida até esse simpático restaurante.

Aferventar quatro batatas cortadas (tipo palito), escorrer e empanar na massa de água com farinha de trigo, como já ensinei. Fritar.

À parte, fazer um molho grosso de tomates para colocar por cima com uma cebola cortada em rodelas refogada com duas colheres de sopa de óleo.

Acrescentar:
½ xícara de extrato de tomate;
2 tomates frescos cortados em rodelas;
1 colher de açúcar;
1 colher de sal;
1 colher de cravo em pó;
1 pimenta dedo-de-moça fresca cortada em rodelas finas.

Servir com cheiro-verde fresco picado por cima, acompanhado com arroz branco.

10

Sobras do Dia

Recriar os alimentos é uma tarefa importante que recai sobre a dona de casa, afinal quantas são as vezes em que temos um prato intocado de arroz que ninguém quer ver requentado no jantar? De igual maneira é a nossa vida, precisamos saber administrar as experiências que se acumulam. Recriar nossos relacionamentos é um poder altamente espiritual.

Os fogos de artifício explodiam por toda a cidade, que fervilhava na esperança de o Brasil mais uma vez conquistar a Copa do Mundo. Podia avistar da janela do meu prédio as bandeiras nos tons verde e amarelo sendo chacoalhadas pelo vento frio do inverno paulistano e ouvir as pessoas comemorando alegremente mais uma vitória do Brasil, enquanto eu chorava frente à minha impotência em cuidar da minha filha adolescente que tinha acabado de fugir de casa.

Minha recente separação havia deixado enormes cicatrizes nesta menina que começava a se tornar mulher. Como mãe, sentia-me invadida por um terrível sentimento de culpa, afinal não queria fazer ninguém sofrer, muito menos ela. Olhava desconsolada para o céu colorido pelos balões que alguns foliões irresponsáveis continuavam soltando na populosa cidade de São Paulo, e imaginava que assim como não se controlam os balões depois de soltos, também não controlamos os filhos.

Dura e triste realidade para mim, que desejava como mãe fazer tudo certinho. Ao contrário do meu comportamento cordato, Heloiza sempre teve opiniões muito fortes. Lembro-me que quando ela era ainda um bebê, simplesmente não aceitava ser carregada no colo, parecia querer logo cedo a própria independência. Lembro-me que passei praticamente toda a infância dela tentando conquistá-la. Claro que cometi muitos erros, como todos os pais fiz coisas que não deveria ter feito, o que de certa forma acabou sendo muito útil para eu entender e perdoar as confusões que meus pais fizeram comigo. Devo dizer que, desde que me tornei mãe, comecei a entender e perdoar as falhas das outras pessoas.

Hoje vejo com certa tristeza pessoas que ainda estão aprisionadas à ideia de perfeição, cobrando de seus familiares posturas imaculadas. Sei que não nascemos prontos para a paternidade, assim como também temos de aprender como nos tornarmos bons filhos. Heloiza, em sua rebeldia, estava me ensinando muito sobre a vida. Com ela aprendi que falar não adianta nada se não agirmos de acordo com as nossas palavras. Ela me mostrou que o exemplo é que ensina...

Naquela tarde de julho ela havia saído sem me avisar com um grupo de amigos para comemorar a vitória da seleção brasileira na Avenida Paulista... na ocasião ela tinha apenas 12 anos, e ir para esse tipo de comemoração sozinha era um verdadeiro absurdo...

Fiquei desesperada por não ter o que fazer, restava-me apenas esperar por sua volta, enquanto imaginava como agir. Mentalmente ponderava se seria melhor dar uma enorme bronca, o que talvez não resolvesse o assunto, ou se seria melhor conversar, o que poderia também não me levar a nada. Queria justamente tentar preservar junto a ela minha autoridade, o que em uma conversa acabaria desabando por terra. Ainda não tinha chegado a uma conclusão sobre como agir, quando ela entrou sorrateiramente em casa. Imediatamente todos os meus planos se desfizeram e desabei em um pranto aliviado, afinal ela estava novamente sob a minha proteção.

Não sei contar quantas foram as vezes em que me desesperei tentando educá-la. Sei que ela fazia apenas as traquinagens normais de uma criança da sua idade que vive a separação dos pais, pois é difícil encarar uma separação; mesmo que não houvesse paz e amor, havia uma ideia de estabilidade e de família.

Observo que as pessoas vivem tentando se equilibrar sobre as experiências da vida como fazem aqueles elefantes sob enormes pernas de pau no famoso quadro de Salvador Dali, porém a vida não nos oferece nenhuma espécie de segurança, não há garantias, nem certo e errado absolutos. Aprendi com minha filha que é preciso sempre estar com o coração aberto às inovações e que precisamos sempre agir de acordo com as nossas palavras para não nos perdermos.

Lembro-me de a psicóloga que resolvemos consultar sabiamente pedir que eu não fizesse de minha filha minha conselheira, que a menina precisava de uma mãe e não de mais uma amiguinha... Ainda assim queria me abrir com ela e falar o que eu sentia, mas sabia que não era o momento, assim percebi que eu também precisava de uma mãe e de conselhos. Por outro lado, não podia cobrar compreensão ou desprendimento da minha mãe carnal, pois, se eu estava confusa em relação a o que ensinar para minha filha, por que esperar que ela se sentisse segura em me aconselhar? Por essa razão, resolvi procurar aquela mãe que não falha em seus conselhos...

Cheguei desesperada à igreja Nossa Senhora de Fátima, estacionei meu carro e caminhei lentamente até seu interior. Esperava que a atmosfera fria da nave amornasse meu coração, mas somente com o tempo eu consegui me acalmar. Em pensamento, dirigia-me àquela imagem no alto do altar, tentando conseguir conforto para meus conturbados devaneios. Pedia para ela:

– Me ensina a ser mãe... Por favor... me ensina. Eu não sei ser mãe, vivo errando. Às vezes exijo demais, em outras falo demais. Queria que minha filha fosse feliz e só ofereço confusão para ela. Por favor, minha mãe, me ajude.

Estava desesperada porque não sabia ser mãe, questionava tudo.

Chorei durante todo o tempo em que permaneci na igreja, que se tornou meu porto seguro. Lá não precisava de ninguém, queria apenas sentir o silêncio e ir me acalmando. Fiz muitas orações para minha filha, mas não pedi nada em especial, apenas que ela fosse feliz, porque intuía que a felicidade curaria suas dores. E assim foi, com o tempo alcancei o equilíbrio com ela. Hoje nos respeitamos mais e também nos amamos mais. Ambas sabemos que os relacionamentos são construídos e que não é porque nascemos como mãe e como filha que estamos prontas para agir corretamente dentro dos nossos papéis.

Aprendi a amá-la e respeitar suas opiniões. Agradeço muito por Deus ter me dado a chance dessa convivência, porque descobri que nas diferenças existe uma grande parcela de beleza, de riqueza e de amor. Descobri com ela que é muito enriquecedor aprender a arte de se comunicar com as outras pessoas.

Ensino para meus clientes que aquilo que sobra das nossas existências passadas nem sempre são relacionamentos fáceis ou agradáveis. Esses reencontros cármicos, no entanto, estão como uma bênção novamente no nosso caminho, para que possamos resolvê-los. Quando desempenhamos o papel de pai ou de mãe, nos compete talvez a parte de maior responsabilidade, pois supostamente deveríamos ter a nosso favor a experiência que a vida nos coloca para ensinar aos nossos filhos os bons caminhos, porém, já que somos também filhos e sabemos o que sofremos com nossos pais, sabemos que precisamos ser compassivos frente aos nossos erros, afinal não é tão fácil assim educar uma criança.

Sei que ao passarmos tudo o que vivemos por uma grande peneira, resta pouco nesta escola que a vida representa para nós, além do aprendizado do perdão. Insisto sempre com as pessoas que me procuram que devemos treinar o perdão. Perdoar é um ato divino que está ao nosso alcance. Quando realmente perdoamos, libertamos as pessoas que estão à nossa volta e também nos libertamos.

Podemos estar atravessando dificuldades para sermos pais, ou mesmo desenvolvendo o aprendizado de sermos bons filhos, mas devemos lembrar que antes de tudo somos irmãos espirituais aprendendo a como nos tornarmos verdadeiros filhos de Deus...

Conselhos Práticos de Magia: "Cromoterapia, Ciência que Estuda as Cores"

Vivemos em um mundo cheio de cores. Tantas são as cores como são os diferentes tipos humanos e o comportamento das pessoas. Temos o feio hábito de julgar as coisas e as pessoas, seguindo os ditames rígidos dos nossos pensamentos, mas o que seria do azul se não houvesse o vermelho para contrastar?

Assim é a vida, assim também são os filhos, aprendemos com as pessoas e com a convivência com as diferenças.

Há um bonito processo de desenvolvimento espiritual que vai lapidando o nosso ego, à medida que aceitamos os outros e os seus pontos de vista. Esse processo acontece principalmente em casa, junto aos nossos familiares, no exercício da convivência diária. Quando finalmente aprendermos o quanto é saudável a interação entre as pessoas mais próximas, estaremos da unidade espiritual.

A cromoterapia, que é a ciência que estuda as cores e as diferentes vibrações que afetam o organismo humano, pode nos auxiliar nesse processo de criar paz no lar. Cada cor emite uma frequência vibratória que é transmitida pelo Sol em forma de luz. Luz é energia, portanto as cores podem curar mudando nossa energia.

No cotidiano podemos observar como nos sentimos atraídos pela natureza e seu exuberante verde; parece que precisamos do verde para nos equilibrar, assim como sentimos junto ao azul do mar aquela calma tomando conta da gente. Estamos o tempo todo circulando entre esta inesgotável fonte de vida que é a luz.

Fazendo uso das cores você pode harmonizar o ambiente à sua volta. Aqui sugiro o verde e o azul como fonte de energia curativa para aplicar no ambiente doméstico. Observe:

Verde: É a cor do coração, do equilíbrio, do estado de neutralidade. Por isso é também conhecida como a cor da cura. Hospitais e casas psiquiátricas fazem amplo uso desta cor por neutralizar os estados extremos. Nem tanto a razão, nem tanto a emoção. Nem tanto a terra, nem tanto ao ar. O verde é uma cor pacífica, pois com a tranquilidade que ela emite nos permite analisar as situações à nossa volta. Os conflitos jamais nos permitem agir com sabedoria, portanto faça uso do verde para relaxar.

Azul: Azul está entre as cores que denominamos frias, portanto que possuem uma vibração mais sutil. O azul está associado a calma, relaxamento, paz interior e fé. O uso da visualização com a luz azul facilita a limpeza dos nossos sentimentos e nos auxilia a falarmos com mais sutileza. Ninguém tem o direito de ofender outras pessoas. Colocar a opinião própria sempre deverá ser um ato de consciência e sabedoria, não de defesa ou acusação. Não fale quando não for chamado, é o que ensina a cor azul.

A cromoterapia é uma ciência bastante interessante, aqui dou apenas uma pincelada neste tema e sugiro que, caso você tenha se interessado, pesquise um pouco mais sobre o assunto.

SOBRAS DO DIA

Nem tudo o que sobra deve ir para o lixo, afinal as comidas podem ser recriadas e pratos sensacionais feitos a partir de um cozido. A criatividade da cozinheira é que define o que vai fora e o que pode ser reaproveitado, sem ficar com cara de sobra. Nestas receitas que coloco a seguir faço uso do que tem na minha geladeira. Um maravilhoso quiche de legumes pode ser feito a partir do aproveitamento das sobras de um cozido, ou mesmo das sobras de uma trivial salada de legumes. Um purê de batatas pode ser transformado em uma sensacional torta de batatas, é só deixar a imaginação fluir. Vamos lá?

1. ROCAMBOLE DE ARROZ

*Minha amiga Mary costuma servir esta iguaria em sua **Pousada Cantos do Céu,** que fica no alto de uma montanha em Extrema, sul de Minas Gerais. Quando queremos nos recolher e entrar em contato com a natureza, eu e meu marido vamos para lá. O lugar nos oferece, além da comida fantástica da Mari e do papo amistoso do Djalma, momentos de recolhimento junto à exuberância dessa montanha.*

Costumo usar neste prato que aprendi com a Mary as sobras de arroz...
2 xícaras de arroz cozido;
½ xícara de óleo;
½ xícara de leite;
1 ovo inteiro.
Bata tudo no liquidificador e acrescente por último uma colher de chá de fermento em pó.
Leve para assar em forno médio por 20 minutos em assadeira untada e enfarinhada. Desenformar em um pano de prato ainda morno e reservar.

Recheio de proteína de soja moída
Em uma panela, colocar na seguinte sequência:
¼ de xícara de gengibre picado bem miúdo;
1 xícara de proteína de soja moída lavada e escorrida;
1 cebola média;
1 folha de louro;
Sal, orégano e pimenta a gosto.
Depois de pronto, acrescentar molho de tomate se desejar.
Podem ser usadas sobras, queijo, etc.
Enrolar como rocambole, despejar um pouco de molho e queijo ralado por cima e levar novamente ao forno para gratinar. Servir quente ou frio, como desejar.

2. TORTA DE BATATAS

Fazer um purê com:
1 quilo de batatas;
1 ovo, sal e pimenta a gosto;
½ xícara de leite;
1 xícara de farinha de trigo.
Depois de frio, dividir a massa em duas partes. Colocar a metade em um pirex untado e enfarinhado.
O recheio é a gosto, você pode usar sobras de legumes refogados, carne de soja moída e refogada com molho de tomates ou mesmo queijo muçarela com tomates e orégano.
Cubra com o restante da massa, espalhando às colheradas e uniformizando com as mãos úmidas. Por cima, coloque farinha de rosca misturada com queijo ralado e leve ao forno para gratinar. Fica uma delícia. Pode ser servido quente ou frio.

3. Sopa de feijão

2 xícaras de feijão cozido;
2 batatas médias picadas;
1 cenoura média picada;
2 xícaras de macarrão para sopa.

Fazer um caldo com o feijão já cozido, refogando no azeite, com alho moído e uma cebola pequena picada. Acrescentar quantidade suficiente de água para cozinhar as batatas e as cenouras neste caldo. Por último, acrescentar o macarrão.

4. Salada de arroz integral

Costumo preparar esta salada no verão, pois fica uma delícia já que é um prato bem fresquinho.

1 xícara e ½ de arroz integral cozido;
1 tomate grande cortado em cubinhos;
1 xícara de cheiro-verde picado miudinho;
Azeite, sal, orégano e pimenta-do-reino para temperar.

Misture todos os ingredientes e sirva em uma bonita travessa. Fica uma delícia servir este prato com o suco de um limão em vez de vinagre.

5. Sopa de grão-de-bico

2 xícaras de grão-de-bico cozido (se já estiver temperado como no caso de sobras de uma salada, você pode usar com tudo);
2 batatas grandes picadas;
1 tomate picado;
1 cebola picada;
Cheiro-verde a gosto.

Em uma panela grande refogue a cebola com o tomate. Acrescente o grão-de-bico já cozido e cubra com água. Por último, coloque a batata picada e deixe cozinhar. Antes de servir, esmigalhe o grão-de-bico para engrossar um pouco o caldo. Acrescente por último o cheiro-verde e um fio de azeite de oliva.

6. Hambúrguer vegetal

As sobras de refogados de legumes, ou mesmo de saladas, podem ser aproveitadas para este fantástico hambúrguer. Se acaso você não tiver sobras, cozinhe na água os legumes que já estiverem mais velhos na geladeira. Fica uma delícia, experimente!

1 xícara de sobras de legumes (vagem, beringela, abobrinha, couve-flor);
1 xícara de cheiro-verde picado;
1 cebola picada;
1 ovo;
½ xícara de farinha de rosca para engrossar.

Misture todos os ingredientes fazendo uma massa uniforme. Acrescente a gosto temperos como orégano, pimenta, sal e molho de soja. Aos poucos, vá acrescentando farinha de rosca até dar o ponto de enrolar. Em uma frigideira antiaderente coloque um pingo de óleo e frite o hambúrguer com o auxílio de uma espátula. Sirva com pão ou até mesmo como um bolinho.

7. TORTA DE MILHO-VERDE COZIDO

Sobras de milho-verde cozido podem ser aproveitadas em muitos pratos, costumo também fazer creme de milho, bolinhos fritos. Mas esta receita é a campeã.

Bater no liquidificador:
3 gemas;
½ xícara de água;
½ xícara de leite;
½ xícara de óleo;
1 xícara e ½ de milho-verde cozido.

Acrescentar misturando na mão:
4 colheres de sopa de farinha de trigo;
4 colheres de sopa de farinha de milho;
1 colher de sopa rasa de fermento em pó;
3 claras batidas em neve.

Recheio:
2 tomates cortados em rodelas;
1 cebola em fatias finas;
1 pimentão em fatias finas.

Temperar tudo com sal, pimenta e orégano a gosto. Levar para assar em forno médio por 30 minutos. É um prato único, excelente para noites frias.

8. Quiches: massa básica integral

Costumo fazer incontáveis recheios usando o que tenho de sobras na geladeira. São sempre pratos rápidos com cara de festa. Meu pessoal adora.

1 e ½ xícara de farelo de trigo;
1 xícara de farinha de trigo;
1 pitada de sal;
½ de xícara de óleo;
1 colher de sobremesa de fermento em pó;
Água o quanto for necessário para dar o ponto.
Misturar todos os ingredientes e forrar uma forma.

Recheio de legumes

Refogar e cozinhar os seguintes legumes picados:
1 cebola;
1 tomate;
3 ou 4 rodelas de gengibre fresco picado;
1 cenoura grande;
2 batatas médias;
1 latinha de ervilha.

Acrescentar um *Curry* de Temperos que você mesma vai preparar com açafrão, pimenta-do-reino, orégano, canela em pó e todo o poder dessas ervas.

Para cobrir a torta, bata levemente um ovo inteiro, acrescente bastante queijo ralado, sal e pimenta a gosto. Leve para assar por 20 minutos.

11

Bem-casados

Não basta ser doce, é preciso ter liga, algo mais que nos aproxime, algo mais que nos torne cúmplices. É assim que vejo um relacionamento, bem parecido com este biscoito recheado de goiabada...

A comida do prato olhava para mim. Meus dois clientes falavam a respeito das expectativas sobre o fechamento do contrato enquanto eu, alheia a tudo que me cercava, observava a pequena queda d'água que enfeitava os fundos do restaurante. Simplesmente não conseguia me concentrar em nada, o mundo objetivo que costuma unir as pessoas perdeu a importância, só pensava na minha separação, procurando o tempo todo justificar para mim mesma as resoluções que havia tomado. Estava sendo muito difícil mudar minha vida...

Voltei meu olhar para meus clientes e sorri fazendo de conta que prestava atenção nas ideias deles sobre o evento que organizariam no hotel cinco estrelas que eu representava em São Paulo, afinal a vida continuava com suas muitas demandas, inclusive para mim...

Naquela época ia e voltava para o trabalho mecanicamente, não sentia mais a minha casa como minha casa, e fazia esforço para não preocupar minha filha além do necessário.

– Tudo vai ficar bem – repetia para ela sem muita convicção.

– Mãe, você não ama mais o meu pai? – ela me perguntava com um ar preocupado de quem já sabia a resposta.

– Não, minha filha, mas não se preocupe. Você continua sendo minha pequenininha. Eu amo você, não sofra, isto é coisa de adulto.

Ela, muito séria, não chorou, pois também sentia que não havia um lar à sua volta, apenas uma casa cheia de móveis e tristezas. Ainda assim eu tinha medo do futuro, medo de não me sustentar sozinha. Não pensava na parte material apenas, mas principalmente no aspecto emocional que sempre foi difícil de lidar.

Nessa época em que recorri novamente ao trabalho de regressão, mesmo já tendo acesso às minhas memórias sozinha, procurei uma outra pessoa, já que naquele momento estava muito perturbada para confiar na minha própria intuição.

Logo no primeiro trabalho, fui instruída a seguir os rumos do meu coração, e um ser que se identificou como vindo de Órion disse que estaria a meu lado. Devo dizer que mais uma vez fiquei perplexa. O que era afinal um oriano? Seria um extraterrestre?

Era só o que me faltava, extraterrestres... pensei desconsolada.

Em meio a um grande tumulto interior tomei as atitudes práticas que o momento exigia, sem acreditar em tudo que o ser de Órion havia me dito. Pensava que aquela história de haver uma pessoa esperando por mim devia ser uma espécie de incentivo para que eu fizesse logo o que tinha de ser feito. Estava tão desiludida que pensava que o amor "homem e mulher" não existia. E fazia conjecturas sobre ir ao cinema sozinha, arrumar namorados temporários e viver experiências que até então passaram ao largo de minha vida certinha.

Em um domingo, porém, todas essas ideias foram nocauteadas. Lembro-me bem que enquanto meu irmão estacionava o carro em frente à casa de minha amiga, ouvi claramente uma voz me dizer:

– Hoje você vai conhecer o homem da sua vida!

Isto me fez rir sozinha, pois lembrava das pessoas que haviam sido convidadas para aquele jantar, todas bem mais velhas que eu e comprometidas.

– Devo estar louca, depois de receber mensagens de extraterrestres, o homem da minha vida me aguardando... – Com esses pensamentos borbulhando na minha mente, subi as escadas e, tão logo entrei na ampla sala de visitas toda enfeitada com flores frescas, me acomodei no sofá à espera das outras pessoas que ainda não haviam chegado. Pouco a pouco a sala foi se enchendo com a conversa animada sobre espiritualidade como pano de fundo. De repente, Fabio entrou. Caminhando suavemente, como descobri ser seu costume, sentou-se em uma poltrona bem à minha frente.

Meu coração disparou, minhas pernas amoleceram e dei graças a Deus por estar sentada, pois se estivesse em pé, teria causado um vexame.

– Meu Deus, era ele... – pensava com o coração saindo pela boca.

– Não havia dúvidas – repetia para mim mesma, tentando controlar as emoções enquanto meus olhos se enchiam de lágrimas. Ele estava de volta, imediatamente o reconheci: o amor de Jaqueline. O meu amor...

Enquanto as outras pessoas conversavam e degustavam os patês oferecidos por minha amiga, ficava imaginando como iria me levantar. Será que as pernas iriam falhar?

Fomos convidados pela anfitriã para tomarmos nossos assentos em uma mesa arrumada com muito bom gosto, como era habitual na casa dela. Fui novamente colocada de frente ao Fabio, o que foi profundamente desconcertante, pois não tinha como tirar os olhos dele. Enquanto ele comia, eu observava que do seu plexo cardíaco saíam faíscas nas cores rosa e verde, como aquelas que a gente vê retratadas nos santos. Pensei:

– Meu Deus, será que estou paquerando um santo?

Até então ele havia falado muito pouco e de maneira muito cerimoniosa, enquanto eu, normalmente muito expansiva, havia perdido completamente a voz, o que me causou o maior desconforto, pois imaginava que todos sabiam o que estava sentindo...

Depois desse jantar, tudo concorreu para que nos aproximássemos, e a despeito de qualquer ideia diferente da minha família ou dos meus amigos que me pediram paciência, entreguei-me completamente a esse amor. Expliquei para todos que durante toda minha vida havia ouvido a opinião alheia e feito o que os outros achavam correto, mas agora seguiria os impulsos do meu coração. Estava disposta a viver o que tivesse de viver. Fosse por um mês, um ano ou pela vida toda. Havia sofrido tanto que não faria diferença sofrer mais um pouco se acaso não desse certo.

Fabio era uma experiência nova na minha vida, mas por que não viver o novo?

– O que eu tenho para perder? – perguntei à minha mãe enquanto ela esbravejava deixando seus medos virem para fora.

– Você vai se desiludir, ele é mais novo que você – disse ela, aturdida com a rapidez do nosso encontro.

– Mãe, não importa, vou viver o que tiver de ser. Não espero nada dele nem de ninguém. Este sentimento é meu....

Ouvindo minha resposta, ela disse:

– Lavo minhas mãos, problema seu. Porém se esse cara lhe abandonar, não venha chorar aqui.

– Paciência, mãe – respondi, mais para me acalmar do que justificar alguma coisa para ela. Estava decidida a viver a minha história.

Devo dizer que nunca conheci um homem mais cavalheiro e respeitoso que o Fabio. Levaria capítulos para descrever o quanto ele foi e é bom para mim.

Nessa época voltei a acreditar no amor.

Hoje vejo que o amor é um sentimento que se expande, não pode ser aprisionado a conceitos familiares, nem mesmo a ideias preconcebidas sobre o assunto. O amor é.

Não existem regras fixas que eu possa passar a você, minha amiga leitora, mas acredito que o mais importante é a gente respeitar as outras pessoas. Não é possível conquistar ninguém se acaso não conquistarmos a nós mesmos, isto posso afirmar. E dá o maior trabalho essa história de autoconquista... Ah, isso dá!

Fiz muitos rituais os quais hoje sei que serviram para fortalecer a minha autoestima. Tomei banhos de ervas, acendi velas para o anjo da guarda e orei muito, abrindo-me para Deus e para o destino, além de ter trabalhado muito na terapia meus antiquados conceitos sobre a vida.

Entendi que não podemos sair à conquista de alguém, e digo a você que essas coisas devem fluir naturalmente. Minha avó Cecília tinha um ditado popular que gostava de repetir:

"O que é do homem o bicho não come".

Acredito piamente nisso. O que é seu virá, acredite. Mesmo que você esteja desiludida, acredite que há algo muito bom lhe esperando.

O amor é uma energia que temos de aprender a conectar. Podemos começar amando nossa família, oferecendo trabalho voluntário a pessoas carentes, cuidando de crianças sem lar ou até mesmo sendo bons companheiros de nossos colegas de trabalho e amigos.

Aprendi que precisamos nos libertar do egoísmo, porque amor e egoísmo não coabitam no mesmo universo. São energias contrárias não complementares. Amor e egoísmo se anulam.

Como só posso ensinar aquilo que pratiquei e que funcionou, minha aula de magia agora é sobre o amor, enquanto as receitas também seguem o mesmo tema, afinal, não é comum dizer que conquistamos um homem pelo estômago?

Conselhos Práticos de Magia: "Rituais para o Amor"

Devemos separar amor de romantismo, pois são coisas diferentes – interligadas, mas diferentes. O amor, como já disse, é algo que expande a nossa alma, enquanto o romantismo nos aprisiona às respostas dos sentimentos alheios. Por isso, a necessidade de fortalecer sempre o amor próprio. Os banhos de ervas, a aromaterapia, as orações atuam justamente neste contexto. Desenvolvendo a autoestima. Porém, a magia vai mais longe, e quando nos conectamos com a nossa alma nos é trazido aquilo que é nosso por direito divino.

Muitas pessoas perseguem o amor a vida toda. Desejando ter do outro aquilo que deveriam cultivar primeiro no seu próprio coração. Acabam por viver seguidas decepções, pois o parceiro nem sempre tem o que nos oferecer, e muitas vezes está esperando de nós o tão sonhado sentimento de amor e aceitação.

Devemos lembrar que atraímos para nossa vida exatamente aquilo que estamos oferecendo ao Universo:

Ofereça amor e receberá amor. Ofereça desejos e receberá mais desejos. O desejo é uma carência, uma energia sugadora e incompleta. Algo que dificilmente será saciado. O desejo é um buraco em nossa estrutura espiritual. Devemos trabalhar muito para aprender a desejar pouco.

As pessoas não estão por aí para satisfazer nossos caprichos. Nossa jornada na Terra é para aprendermos a ser autossuficientes, e ainda assim capazes de partilhar.

Não é lindo? Poético mesmo? Mas você deve estar se perguntando como colocar essas ideias em prática. Então vamos lá: vamos começar pela oração?

Criou-se todo um romance em cima deste conceito espiritual sobre almas gêmeas e rituais para encontrar o parceiro ideal. Devemos lembrar que somos todos filhos de Deus, portanto à sua imagem e semelhança. Nossos gêmeos são aqueles que se parecem conosco, e sendo assim, como mudamos nossos comportamentos e até nossas crenças é natural que as pessoas à nossa volta também mudem, portanto... no decorrer da vida acabamos encontrando muitos companheiros que poderão se tornar nossas almas gêmeas, nossos companheiros ideais...

Talvez você possa ter alguma vez se perguntado como foi capaz de amar certa pessoa, e olhar para trás e ver apenas os descompassos. Eu sugiro que você agregue ao seu pensamento a ideia da mudança, e veja como tudo se aclara. Você mudou, o relacionamento também mudou.

Casamentos terminam justamente porque as pessoas não mudaram juntas, perderam os objetivos que as uniram no passado. É claro que não precisamos ficar em um relacionamento eternamente, mas muitas vezes vale a pena investir na relação, até porque não é tão simples assim mudar de parceiro e mudar de vida.

Outro ponto bastante interessante é a respeito das experiências que se repetem. Com minha vivência com vidas passadas pude perceber que as lições inacabadas sempre retornam para nossa vida. São os chamados ciclos, ou como o Hinduísmo classifica: Roda de Samsara. Isto, aplicado à vida cotidiana, se repete todos os dias quando procuramos novos parceiros e acabamos por viver relacionamentos altamente frustrantes e parecidos com os que já vivemos anteriormente.

Mais uma vez, vale lembrar da poderosa "Lei da Atração dos Semelhantes" que diz que energeticamente chamamos para perto de nós quem vibra na mesma sintonia... Assim não podemos exigir de um companheiro a perfeição quando não temos a mesma coisa para oferecer, não é?

Muitas vezes exigimos do outro um comportamento muito melhor do que aquele que estamos oferecendo. Encontrar a alma gêmea é antes de tudo se encontrar, aceitando suas limitações e usando as arestas para aprender.

"Oração para Alma Gêmea"

Deus, por favor, traga para minha vida alguém na minha sintonia. Estou neste momento me abrindo ao destino. Entrego nas Suas mãos o meu desejo de estar com alguém e de partilhar minha vida. Que seja feita a Sua vontade.

Amém. Amém. Amém.

Fazendo esta oração várias vezes ao dia, você logo se sentirá melhor, como se um peso fosse retirado dos seus ombros, porque quando se entrega para Deus um sentimento, dali para frente é Ele quem cuidará do assunto. Procure completar este tratamento mágico tomando banhos de ervas e rosas, como ensinarei a seguir:

"Sortilégios para o Amor"

Banho do Amor

Rosas brancas e vermelhas;
Cravo e canela fervidos na água, com uma colher de chá de mel.

Faça uma infusão levando para ferver o cravo e a canela; por último acrescente as rosas. Este banho fortalecerá a autoestima, mas por si só não faz milagres; é preciso que a pessoa também ajude com uma postura aberta e pensamentos alegres. Acenda também antes do banho uma vela cor-de-rosa (se for mulher) para o seu anjo da guarda, pedindo que ele ajude você a se sentir mais positiva.

Banho da paz

Rosas brancas, se for mulher, e cravos brancos, se for homem; Manjericão, arruda e mel.

Este banho ajuda a acalmar os pensamentos, mas devemos salientar que o importante é a pessoa procurar manter-se equilibrada e trabalhar em si para melhor compreender e aceitar as outras pessoas.

Elixir para aliviar dor de amor

1 copo com água;
1 rosa branca.

Pela manhã, colocar algumas pétalas de rosa em um copo com água. Antes de dormir, mastigar e engolir as pétalas e beber toda a água. Novamente encher o copo com água e algumas pétalas; pela manhã novamente mastigá-las e beber toda a água. Repetir este encantamento por sete dias e sete noites seguidas, pedindo sempre que o seu anjo da guarda venha aliviar sua dor. Repita este ritual sempre que for necessário.

Perfumando o ambiente

Você pode usar em sua casa vários aromas que ajudam a acalmar o coração, ou até mesmo para despertar a paixão. Na aromaterapia, o óleo essencial mais conhecido e amplamente usado é o *Óleo de Lavanda*, justamente pelos poderes pacificadores e atrativos da paz. Esse aroma acalma nossas ondas mentais, o que possibilita que estejamos mais abertos à vida e também ao ato amoroso.

Outro óleo amplamente usado, este sim para despertar a paixão, é o *Ylang Ylang*, encontrado na África e extraído de uma flor chamada cananga odorata, que era usada pelos nativos na noite de núpcias espalhada sobre o leito. Você pode usar algumas gotas no difusor ou, ainda, diluído em um óleo carreador, como o óleo de massagem que ensino a seguir, assim o ambiente que o cerca será também trabalhado.

Receita básica de óleo para o corpo

Um vidro de óleo carreador 30 ml (composto de ingredientes naturais sem aroma, como sementes de uva ou gérmen de trigo);
10 a 15 gotas do óleo essencial de sua preferência.
Agitar antes de usar.

Doces Carinhos

Sempre adorei cozinhar e agora, com o novo casamento, finalmente encontrava motivos para satisfazer minha paixão. Existe algo melhor do que cozinhar um prato especial para quem a gente ama? Ainda mais se essa pessoa disser que adorou o tempero?

Foi um sonho realizado. Lembro-me que logo que nos conhecemos fomos para Monte Verde, uma cidadezinha romântica ao sul de Minas Gerais, ainda perto de São Paulo, e lá comecei a servir o café da manhã para meu marido. Ele me olhou espantado e perguntou:

– O que você está fazendo?

Fiquei surpresa, sem saber se estava acertando ou cometendo um erro, e disse quase me desculpando:

– Estou servindo o café pra você. Incomodo?

Ele, que não tinha percebido até então que eu estava confusa, me disse carinhosamente:

– Por favor, continue, ninguém havia me servido o café antes. Por favor, continue.

Assim também é a cozinha, pequenos testes, pequenas excursões em novas receitas. Aprendi que relacionamentos devem ser cultivados passo a passo, pois muitas vezes a melhor das intenções não evita grandes erros. Então, agradar alguém exige que tenhamos cuidado com nossas atitudes para não nos tornar invasivos. Mas, ainda assim, vale sermos generosos.

1. Bem-casados

1 xícara de manteiga;
1 xícara de açúcar;
2 ovos inteiros;
4 xícaras de amido de milho;
1 xícara e ½ de farinha de trigo;
1 pitada de sal;
1 colher de fermento em pó;
4 gotas de baunilha.

Bater muito bem a manteiga com o açúcar, acrescentar os ovos, o amido de milho, a farinha, o sal e o fermento. Deixar a massa descansar na geladeira por 30 minutos. Abrir com o rolo e fazer os biscoitos, que podem ser recheados com leite condensado cozido, geleia de frutas de sua preferência ou goiabada derretida. Fica maravilhoso.

2. Bolo do Amor

Este é um bolo especial, uma espécie de bolo enfeitiçado. Faça-o como um ritual e acredite: um pouco de açúcar sempre é capaz de nos ensinar muito sobre amor, relacionamentos e carinho. Afinal, do que mais precisamos na vida? Ofereça-o para o seu amor em uma noite de Lua Cheia e comprove os resultados...

Bater no liquidificador

4 ovos inteiros;
1 xícara de óleo;
½ xícara de leite;
1 colher de sopa de baunilha;
2 xícaras de açúcar mascavo.

Misture então:

2 xícaras de farinha de trigo;
1 colher de sopa de fermento em pó;
1 colher de sopa de canela em pó;
1 colher de cravos-da-índia, que poderá também ser em pó;
2 maçãs vermelhas picadas;
2 maçãs verdes picadas;
100 gramas de uvas-passas.

Untar muito bem uma forma e polvilhar com farinha de trigo, canela em pó e açúcar.

Assar em forno médio por aproximadamente 30 minutos. Desenformar depois de frio e cobri-lo com creme chantili

3. Creme chantili

Quem me ensinou este chantili foi o marido da Lilian, amiga e companheira no caminho espiritual. Obrigada, Carlos.

Meio litro de creme de leite fresco, batido na batedeira com duas colheres de açúcar. Tome cuidado para não passar do ponto, pois pode virar manteiga.

4. Torta de Morango

Massa básica para tortas doces

    3 xícaras de farinha;
    1 xícara de açúcar;
    1 tablete de margarina;
    1 ovo;
    1 pitada de sal;
    1 colherinha de fermento em pó.

Misture tudo e deixe descansar na geladeira por 30 minutos. Abra a massa com cuidado na própria assadeira, que não precisa ser untada. Asse em forno quente e deixe esfriar.

Creme para recheio

    ½ litro de leite;
    1 ovo inteiro batido;
    4 colheres de açúcar;
    2 colheres de amido de milho;
    4 gotas de baunilha.

Antes de levar ao fogo, misturar os ingredientes acrescentando, por último e bem devagar, o leite. Cozinhar até levantar fervura. Reserve, pois este creme deve ser adicionado à massa depois de frio.

Cobertura de morangos

Lave cuidadosamente uma caixa de morangos e coloque-os sobre o creme para recheio, arrumando cuidadosamente sua torta e reserve.

Dissolva dois pacotinhos pequenos de gelatina vermelha sem sabor, como manda a embalagem, e coloque por cima. Leve à geladeira e sirva fria.

5. Tiramissú

> *Comemos este maravilhoso pavê em um restaurante pequeno e acolhedor no bairro Saint Germain Du Prés, em Paris. Foi interessante porque o dono falava português e adorava o Brasil. Fez questão de me ensinar como fazer esta sobremesa que minha mãe já fazia em casa desde que eu era criança. Ainda assim fiz questão de anotar, afinal não se deve desapontar um francês bem intencionado.*

Forrar um pirex com um pacote de bolacha tipo champanhe embebecido em:
1 copo de leite;
2 colheres de sopa conhaque;
2 colheres de sopa chocolate em pó;
2 colheres de sopa de açúcar.

Por cima, colocar o seguinte creme de leite condensado;
1 lata de leite de leite condensado;
1 lata de leite comum;
4 gemas.
Desmanchar as gemas no leite condensado, acrescentar o leite comum e deixar ferver, mexendo sempre. Depois de frio, acrescentar a cobertura feita com creme chantili.
Bater na batedeira:
4 claras em neve com 4 colheres de açúcar;
Misturar levemente 1 lata de creme de leite sem soro.
Por cima de tudo, polvilhar com chocolate em pó passado em uma peneirinha.

6. TORTA DE BANANA DA ANNA MARIA

Depois das nossas reuniões de bajhans e mantras, Anna Maria costumava oferecer esta maravilhosa torta de bananas; foi uma das primeiras receitas com ingredientes integrais que aprendi fazer. Anna, muito obrigada.

1 xícara de farinha de trigo integral;
2 xícaras de aveia em flocos;
1 xícara de açúcar mascavo;
1 xícara de óleo.
Fazer uma massa misturando todos os ingredientes. Em seguida, colocar essa mistura em uma assadeira com o fundo removível, pressionando a massa com as mãos. Não se preocupe, porque a consistência é mesmo de esfarelar. Por cima, coloque:
4 ou 5 bananas nanicas maduras amassadas;
½ xícara de uvas-passas;
1 colher de sopa de cravo-da-índia;
½ xícara de amendoim torrado;

Por cima, polvilhar canela em pó e açúcar mascavo.

Levar para assar por aproximadamente 40 minutos em forno médio. Quando esfriar, espalhar por cima um creme feito com:

1 limão (suco);
2 colheres de sopa de açúcar mascavo;
1 colher de amido de milho;
1 xícara de água.

Levar essa mistura ao fogo até engrossar e colocá-la em cima da torta já assada e fria. Levar à geladeira.

7. Creme para mingau

Este prato aprendi com a minha avó, que costumava fazê-lo para rechear bolinhos de chuva.

½ litro de leite fervido e ainda quente;
3 colheres de farinha de trigo dissolvidas em 1 xícara de leite frio;
2 colheres de açúcar;
1 ovo;
1 pitadinha de sal;
Algumas gotas de baunilha.

Misturar a farinha na xícara de leite frio e acrescentar lentamente ao leite aquecido e adoçado com o açúcar. Cozinhar por 15 minutos. Bater ligeiramente o ovo e a baunilha, misturar no mingau fora do fogo, e novamente levar ao fogo sem ferver.

Este creme pode ser comido sozinho ou servir de recheios para bolos, bombas, etc.

8. Queijadinha

1 lata de leite condensado;
1 pacote de coco-ralado;
2 ou 3 ovos inteiros.

Misturar bem e levar ao forno para assar em forminhas de papel (para empadinha).

12

Sopa de Ervilha Seca

Os alimentos quentes esquentam o corpo, e quando feitos com amor, aquecem também a nossa alma.

Enquanto o avião sobrevoava a cidade de Lima, eu observava a excitação das pessoas à minha volta. Havia no avião um clima festivo, acredito que por causa de um grupo que excursionava para a Flórida, fazendo apenas uma parada nas lendárias terras do Peru. Meu destino, a cidade costeira de Lima, seria o início para o caminho de Cuzco, para depois seguirmos para Machu Pichu. Como costuma ocorrer com aquelas coisas que estão predestinadas na vida, essa viagem foi arrumada com a maior facilidade.

Compreendi que a vida é assim, quando algo flui facilmente é uma maravilha, no entanto, quando temos que forçar, batalhar para conseguir alguma coisa, talvez nem sempre valha a pena o esforço. É preciso aprendermos a remar a favor do fluxo natural e não nos desgastarmos quando isso não acontece.

Nosso hotel, um cinco estrelas escolhido em São Paulo, ficava na parte antiga da capital peruana que estava sendo recuperada dos anos de abandono; apesar da surpresa pouco agradável de ficarmos hospedados na parte mais feia da capital peruana, isso acabou não sendo um grande empecilho. Como acontece em Lima, podemos observar que muitas cidades sul-americanas sofrem com o comportamento dos governantes e da população, que troca o passado pelos novos focos de desenvolvimento, como se uma coisa não pudesse conviver com a outra. Espiritualmente falando, descartar o antigo como algo sem valor só demonstra a falta de consciência que temos frente à vida. É como descartarmos a validade das experiências pelas quais passamos em troca de uma vida nova. Isso não existe... Vida nova é a colheita dos frutos que plantamos.

Pensando em tudo de novo que estava vivendo, vesti-me para o *tour* que faríamos, para visitar as igrejas e os monumentos da época da Invasão Espanhola. Meu novo momento de vida estava me levando a percorrer caminhos bem diferentes dos que já conhecia. A princípio, estranhei tanto cuidado, gentileza e amor por parte do Fábio, afinal não estava acostumada ser bem tratada. Sem que me desse conta, havia chegado até mim uma aragem fresca e renovadora. Sorri em silêncio, ouvindo o barulho ritmado do chuveiro em que meu marido se banhava. Agradecendo a Deus por esses momentos, arrumava mais uma vez minha volumosa mala de viagem. Havia blusas e agasalhos preparados para enfrentar o clima frio da montanha que encontraríamos na cidade de Cusco, localizada nas encostas dos Andes. E logo que lá chegamos o calor da capital foi trocado por um clima chuvoso e carregado. Ainda no aeroporto nos serviram o famoso chá de coca, enquanto algumas pessoas olhavam desconfiadas para a beberagem que eu acabara de provar. Pensava que não tinha nada de especial. Dizia-se no aeroporto ser importante tomar esse chá, pois a altitude poderia causar desconfortos.

As sensações desconfortáveis, como haviam prevenido os nativos, não tardaram a nos encontrar, mas eu não me entreguei a nenhum mal-estar porque afinal conhecer as civilizações perdidas fazia parte de um roteiro que coloquei para mim. Sempre desejei conhecer melhor outras culturas e mal acreditava que isso estava finalmente acontecendo. Sempre quis também conhecer a origem do homem, pois nunca acreditei em teorias que nos diziam aparentados dos símios...

Macaco é macaco e gente é gente, sempre pensei assim. Como dizer que evoluímos fisicamente sem contar com a parte espiritual?

Sempre imaginei que a evolução maior viesse da alma, pois agir instintivamente faz parte do corpo, do desejo de procriação que todos nós temos conosco, mas os sentimentos é que nos fazem dar os saltos evolutivos, pensava contrariada sobre a teoria defendida há mais de um século por Darwin.

Um ano havia se passado desde a minha volta para o Brasil depois da viagem para a Índia, que culminou com a grande mudança na minha vida, e ainda não estava acostumada com as benesses do amor. Um ano também estava completando do incidente que interrompeu meu trabalho de regressão com a sensitiva que deu abertura para minha comunicação com os seres de Órion. Lembro-me perfeitamente bem que estava no meu trabalho quando ela me ligou apavorada, dizendo que dois seres dourados haviam se materializado na frente dela para dizer que ela não deveria mais me atender. Na época fiquei perplexa, pois não queria perder o contato e não entendia o porquê de tal proibição.

– O que faria com tantas indagações brotando na minha mente? – perguntei no telefone para ela, que respondeu taxativa:

– Maria Silvia, eu não costumo discutir com esses caras. Sinto muito – disse ela, desligando o telefone sem muitas delongas em se desculpar.

Assim, não me restavam escolhas.

Conversei com o Fábio, que ponderou que talvez os caminhos fossem outros...

– Mas qual caminho, Fabio? – perguntei, esperando que ele sinalizasse alguma coisa, mas na verdade não esperava nenhuma resposta conclusiva.

Comecei também nessa ocasião a escrever uma espécie de diário, que servia para acalmar minhas ideias. Pensei que escrevendo o que me acontecia poderia raciocinar melhor. Foi justamente com esses cadernos de anotações que começaram vir ideias muito estranhas sobre a vida. Informações sobre as estrelas, seres estelares, carmas de civilização passadas, naves espaciais e um milhão de outras coisas estranhas.

Mostrava tudo para o Fabio com um certo receio de que estivesse ficando maluca, afinal não conhecia nada daquilo. As comunicações falavam de seres originários de Órion, Pégasus, Sírius, Plêiades, Plutão, Centauro. Tudo muito estranho, que acabou culminando com a minha ida ao Peru para um suposto encontro com esses seres espirituais....

Naquela época, imaginava que isso só pudesse acontecer com um extraterrestre descendo de uma nave espacial... Assim, em uma linda noite enluarada caminhamos até a estradinha de Machu Pichu para esperar o contato... Ficamos algum tempo parados encantados com as estrelas. Foi uma sensação indescritível ver o céu ao nosso alcance. Mil vezes mais bonito que a visão também maravilhosa da cidade perdida dos incas. Parecia que podíamos estender as mãos e tocar as estrelas. Muito lindo! Contudo, não posso dizer que estava à vontade, meu coração batia descompassado. Parte de mim torcia para ver os ETs, enquanto a outra metade desejava o contrário. Quando já estávamos desistindo da experiência, um risco no sentido horizontal cruzou nossas vistas e continuou seu caminho desconhecido, misturando-se com aquela infinidade de estrelas. Tínhamos avistado um ufo?

Achei meio decepcionante, mas toda a viagem estava sendo tão interessante que não havia lugar para decepções. Foi exatamente nessa ocasião que começou o meu maior desafio frente aos contatos espirituais que culminariam com a publicação do meu livro *Os Filhos de Órion**, porque em todo período que antecedeu essa realização no plano material, fui terrivelmente testada como Canal.

---

* N.E.: Obra publicada pela Madras Editora.

Passei por incontáveis testes, presenciei uma série de fenômenos e curas espirituais, sem que nada realmente fantástico como a materialização de um ser na terceira dimensão acontecesse. Como a maioria das pessoas, eu esperava por um milagre, uma manifestação conclusiva, e durante todos esses anos o grande desafio foi sentir e fazer a espiritualidade se tornar prática e acessível.

Hoje percebo que estamos o tempo todo cercados de pequenos milagres e não damos importância para o que está à nossa volta, sempre desejando algo mais, de preferência com muito estardalhaço para nocautear nossa mente racional.

Contudo, o que vivi me fez entender, por exemplo, que não há milagre maior que a mudança de um comportamento negativo. Aprender amar e respeitar as pessoas é um verdadeiro milagre.

Temos comportamentos absurdamente egoístas que precisam ser modificados, queremos o tempo todo tornar o mundo um parque de diversões, sem tristeza, sem desafios, sem dor, e isso não existe. Com o tempo e muitos rituais de limpeza e purificação, as mensagens que recebia desses amigos lá de cima foram se tornando mais claras e ajudaram as pessoas que estavam comigo a também encontrarem seus caminhos.

Posso afirmar que nunca imaginei seguir este rumo. Quando publiquei meu primeiro livro, senti como sendo a realização de um sonho, e talvez até como uma missão cumprida, mas depois dele muitas coisas vieram para me incentivar a continuar nessa busca por autoconhecimento e autocura.

Hoje acredito que somos realmente filhos das estrelas e que a magia precisa ser resgatada dentro de cada um de nós. Aprendi muito sobre a necessidade da mudança vibratória para nos adaptarmos a uma vida melhor do que aquela que levamos no momento. Se queremos entrar em contato com o universo espiritual, precisamos nos afinar com ele. Dentre muitas coisas importantes a fazer, modificar a alimentação é o princípio de tudo.

Há uma alquimia que a maioria das pessoas desconhece que transforma nossos pensamentos por meio da comida que ingerimos. Assim sendo, sutilizando nossa energia nos tornamos mais aptos aos contatos espirituais superiores. Caso contrário, vamos ficar batendo o tempo todo de frente com as baixas vibrações do astral inferior.

É claro que essa mudança de frequência vibratória não acontece apenas por intermédio da alimentação, mas este é um bom começo. Não é?

Nesta aula de magia, vamos abordar os diversos corpos que compõem o nosso ser. Assim, talvez se torne mais fácil compreender a atuação de tudo o que nos cerca no que diz respeito a nossa vibração.

Conselhos Práticos de Magia: "Conheça os Invólucros da Alma"

Corpo físico

É a manifestação mais densa deste ser espiritual que somos. Alimenta-se de comida; devemos, portanto, para melhorar a saúde, procurar ingerir alimentos naturais, evitando embutidos e enlatados, e procurando consumir alimentos ricos em vitaminas e nutrientes.

Corpo sutil

Também conhecido como *aura*, é uma espécie de envoltura do corpo físico. Alimenta-se não apenas da energia como também de tudo que você permite que se aproxime de você. É limpo através dos *bons fluidos, orações* e dos *banhos de ervas*.

Corpo mental

É formado pelo pensamento, e se alimenta de tudo que absorvemos intelectualmente.

Corpo emocional

É formado pelas emoções, e se alimenta dos sentimentos.

Sabendo que não somos apenas corpo físico, procure escolher os lugares que frequenta, assim como escolhe a comida que irá saciar sua fome, pois seu corpo sutil se abastece de todas as energias que estão ao seu redor. É preciso também administrar melhor sua capacidade de pensar e raciocinar, pois quanto mais saudável for o alimento da mente, melhor ela irá pensar e avaliar o mundo à sua volta. Lembre-se que seu corpo mental se alimenta não apenas dos pensamentos como também dos livros que lê e das ideias que você troca com os amigos.

O mau uso da sua capacidade mental refletirá na criação de pensamentos negativos que acabarão gerando formas-pensamento negativas. Elas poderão se tornar terríveis inimigos, impedindo que você acolha o novo e se liberte de ideias que no passado foram importantes, mas agora não lhe servem mais. Mudar os hábitos quer dizer mudar de vida, e isso exige de nós uma série de escolhas, desafios e alguns pequenos sacrifícios.

Mudar a alimentação faz com que mudemos a vibração que emitimos para o mundo e também a forma como recebemos e reagimos aos impulsos externos. Isso pode até chocar as pessoas à nossa volta, que muitas vezes não estão prontas para tanta transformação, mas vale a pena!

Na sequência, ensino um elixir de proteção. Desde os tempos antigos o poder das ervas era usado contra maus-olhados e para limpar o astral. Você pode preparar em sua casa esse poderoso elixir usando, além das ervas, a força do seu pensamento. Procure prepará-lo em uma noite de Lua Cheia.

Elixir de proteção:

"*Magia dos quatro ventos*"

Também conhecido como a Magia das quatro faces de Deus, ou ainda as quatro direções da manifestação divina na Terra e no Céu.

Prepare o seu elixir colocando em um litro de álcool as seguintes ervas, que são trazidas pelos "ventos":

O Vento Norte é seco e frio, sua ação é calmante e paralisadora. Para isso, vamos usar: **alfazema.**

O Vento Sul sempre traz calor, sua ação é estimulante e vivificadora. Para isso, vamos usar: **manjericão.**

O Vento Leste é fresco, refrescante e revigorante. Para isso, vamos usar: **alecrim.**

O Vento Oeste é quente, úmido e em muitos lugares traz chuva. Sua ação é cansativa e sudorífera. Para isso vamos usar: **arruda.**

Depois de pronto, envolva o litro de álcool com jornal e o deixe **repousando por nove dias**. Então, é só usar.

Se desejar, coloque-o em um borrifador e dilua-o com um pouco de água, para espargir em sua casa quando o ambiente estiver carregado. Você pode também usá-lo diretamente sobre a pele, com muito cuidado – apenas algumas gotinhas para não causar irritações –, pedindo sempre que as negatividades se afastem de você.

Sopas, Caldos e Acompanhamentos!

Um bom prato de sopa, uma conversa animada e muito carinho recuperam qualquer dia difícil, não acha?

Sentar-se à mesa é um hábito que deve ser conservado pelas famílias, porque a hora da refeição é a oportunidade de as pessoas se encontrarem e trocarem ideias sobre os acontecimentos do dia.

Recentemente, li algo muito importante em um livro sobre alimentação. Dizia o texto que o ato de cozinhar é também uma demonstração do quanto nós podemos ser generosos.

Achei tão bonita esta citação...

Generosidade, para mim, é um dos pilares que constituem um relacionamento. Depois de tantos anos de casamento com uma pessoa difícil e distante do meu mundo, quando me casei com o Fábio reaprendi a importância de estar com alguém, cedendo, ganhando e principalmente partilhando meus sonhos; e por que não dizer meus pratos e minhas invenções na cozinha?

Todos nós que gostamos de cozinhar exercitamos diariamente os impulsos superiores da nossa alma, praticando sempre a generosidade. Há algo mais prazeroso do que dar um pouco de alegria e calor às pessoas que nos cercam?

1. Sopa de ervilhas secas com chuchu e cogumelo chitaque

Deixe de molho por duas horas:
1 xícara de ervilhas verdes e secas;
1 xícara de cogumelo chitaque lavado e partido.

Em uma panela grande, cozinhe a ervilha e o cogumelo e reserve com o caldo e tudo. À parte, refogue uma cebola média picada e dois chuchus também picados.

Misture tudo e tempere com orégano, pimenta-do-reino e sal a gosto.

Sirva quente. É uma delícia e mais leve que a tradicional sopa de ervilhas.

2. Torradas de pão sírio

Para acompanhar as sopas sempre faço essa torradinha, que fica uma delícia também para comer com patês e ornamentar saladas.

Forre uma assadeira grande com um pacote de pão sírio rasgado de maneira uniforme. Por cima polvilhe *zatar* (este tempero é encontrado em casas de comida árabe, é uma mistura de orégano, cominho, gergelim e mais alguns segredos), queijo ralado e azeite de oliva. Sal a gosto. Leve para assar até as torradas ficarem douradas.

3. SOPA DE ABÓBORA E FEIJÃO AZUKI

Duas xícaras de feijão *azuki*; uma xícara do caldo do cozimento;

Meia abóbora japonesa picada e cozida por dez minutos no micro-ondas, temperada com um dente de alho amassado, sal a gosto.

Fazer um caldo com o feijão já cozido, refogando no azeite: alho moído e uma cebola pequena picada. Acrescente a quantidade suficiente de água ao restante da abóbora, para terminar de engrossar.

4. QUEIJO BRANCO TEMPERADO COM SHOYO

Quando faço sopas leves, como a de legumes batidos no liquidificador, sempre sirvo esse queijo temperado com pão integral.

Corte em cubos um queijo branco pequeno e tempere com o seguinte molho:

½ xícara de *shoyo*;
2 colheres de sopa de azeite;
½ xícara de cebolinha picada;
½ xícara de salsinha picada;
1 pitada de páprica;
Sal a gosto.

5. PÃO DE FORMA INTEGRAL

Sempre substituo parte da farinha branca por farelo de trigo, pois a massa fica muito mais saudável.

Bater no liquidificador:

1 xícara de leite e 1 xícara de água aquecidos (coloque o dedo mínimo para ver se a temperatura é adequada, pois já aconteceu comigo de queimar o fermento e o pão não crescer);

1 colher de sopa de açúcar;
1 colher de sopa de sal;
½ xícara de óleo;
50 gramas de fermento na temperatura ambiente;
2 xícaras de farelo de trigo.

Amassar com farinha de trigo até dar ponto. Deixar crescer por duas horas e assar em assadeira untada em forno preaquecido por aproximadamente 30 minutos.

6. Pão de forma original
Bater no liquidificador:
1 xícara de leite e 1 xícara de água aquecidos (coloque o dedo mínimo para ver se a temperatura é adequada);
1 colher de sopa de açúcar;
1 colher de sopa de sal;
½ xícara de óleo;
50 gramas de fermento na temperatura ambiente;
1 quilo de farinha de trigo.

Amassar com farinha de trigo até dar ponto. Deixar crescer por duas horas e assar em assadeira untada em forno preaquecido por aproximadamente 30 minutos.

7. Sopa de Legumes

Escolha os legumes da época, que são normalmente os mais baratos e também os mais saborosos e nutritivos. Pique e refogue-os com bastante azeite, alho e cebola. Deixe cozinhar até ficarem macios, acrescentando água à medida que for necessário. Nunca coloque água demais no cozimento de legumes ou verduras, justamente porque o excesso de líquido acaba tirando o sabor do alimento. Se desejar pode bater os legumes no liquidificador ou servi-los em pedaços. Costumo engrossar meus caldos com duas colheres de sopa de farinha de milho. Ela realça o sabor e dá mais consistência à sopa, experimente. Costumo também servir uma porção de cheiro-verde picadinho para ser colocado no prato quente de sopa. Assim, o sabor fica mais forte e levemente crocante.

13

Samosa e Outros Quitutes

O carinho que colocamos na comida é evidenciado pelo capricho dos nossos pratos. Samosa é um salgadinho indiano, que é servido como um Prachad, uma oferenda aos deuses. Nós podemos fazer o mesmo oferecendo uma comida bem preparada aos nossos amigos!

Segurando vassouras na mão, armadas com esponjas e sabão, eu e minhas amigas começamos a lavar o grande salão que encontramos para trabalhar. Era uma tarde de verão quente e abafada, o que tornava a limpeza pesada uma diversão. Enquanto desenrolava o esguicho, lembrava-me de que quando era criança, minha mãe nunca me deixou fazer esse tipo de bagunça. E afastando a sujeira que se acumulava nos cantos, continuei minha tarefa de limpar aquele monte de cadeiras empilhadas e aproveitei para limpar também minhas próprias lembranças. Pensava quão absurda é a forma como o passado continua vivendo em nossa mente, mesmo quando não o queremos.

A mudança para esse novo espaço havia ocorrido de maneira inesperada, logo depois do lançamento do meu primeiro livro, *Os Filhos de Órion*. A amiga que me alugava uma pequena sala onde eu havia começado atender as pessoas com Terapia de Vidas Passadas decidiu se mudar, então entreguei o espaço a ela sem saber ao certo o que fazer. Por indicação de outros amigos cheguei ao novo endereço que iria alojar mais um grande acontecimento em minha vida. A chegada inesperada da *Fraternidade Branca*.

Há muitos anos tinha ouvido falar desse grupo espiritual, mas nunca estudei profundamente nada a respeito. Mal conhecia *Saint Germain* quando convidei minha irmã Beatriz para dar aulas de yoga comigo. Por sugestão dela, chamei duas outras conhecidas. Assim o primeiro grupo se formou. Tínhamos em comum a amizade e o fato de todas sermos donas de casa e de curtirmos nossas famílias. Fora isso, não sabíamos ao certo o que faríamos juntas...

Lembro-me que sempre repetia com satisfação que estávamos criando o embrião de um trabalho, mas não tinha consciência do que isso significava. Foi quando aconteceu um fato que me deixou perplexa. Na noite de 19 de março de 1999, tive uma visão com Saint Germain que se manifestou no meu quarto. Pude vê-lo com os olhos físicos... até hoje tenho dificuldade de acreditar no que vi. Na ocasião estava muito incomodada com uma espécie de resfriado, e naquela noite fui deitar cedo, pois meu corpo doía terrivelmente. No meio da madrugada acordei com um clarão ao lado da minha cama, e em meio àquela luz estava ele, dizendo-me que eu não deveria mais me negar a servir de Canal[1] da Fraternidade Branca. Não preciso dizer que daí, sim, adoeci.

Nunca havia pensado em trabalhar publicamente como canal, e não fazia ideia de que em algum tempo neguei o contato com eles... Pelo menos não que me lembrasse. Acredito que para não restar dúvidas, Saint Germain, na noite seguinte, novamente apareceu no meu quarto e me mostrou uma vida passada em que vivi perto dele. Uma vida sofrida, cheia de aprisionamentos, que ele fez questão de dizer que eu havia criado...

Pensei que tudo aquilo era novidade demais para mim...

Nunca imaginei que nós criássemos os impedimentos, acreditava que o carma se incumbia disso.

Fato é que logo depois dessa visão comuniquei às pessoas amigas o que tinha acontecido comigo e a orientação de trabalhar para a Fraternidade Branca. Com muito incentivo da parte delas e de outras pessoas que se juntaram ao grupo original, tiveram início as canalizações. As mensagens vinham claras e fui sendo apresentada aos servidores da Fraternidade Branca junto com o meu grupo. Aprendi com eles uma nova visão do mundo, do carma e dos impedimentos criados por nós. Até então minha ideia sobre tudo isso era profundamente fatalista. Pensava que se tínhamos de colher os frutos daquilo que plantamos não haveria como evitar o sofrimento. Hoje, aprendi que acima da Lei de Causa e Efeito existe a Lei do Amor e do Perdão.

A Fraternidade Branca veio nos falar de um Deus próximo, tão próximo que mora dentro de nós. Os mestres, por meio do exemplo

---

1. Canal refere-se ao contato com seres espirituais que mandam mensagens por intermédio da pessoa que se coloca à disposição.

de suas vidas, vieram nos mostrar que somos coautores do nosso destino. Tudo isso com muita paciência e amor. Foram tempos de muito aprendizado que meu ingênuo grupo de amigos enfrentou com a chegada de tanta energia. Pessoalmente, eu não entendia por que eles sendo tão poderosos escolheram um grupo novato e inexperiente como o que se formou à minha volta. A única explicação que encontrei foi o fato de justamente sermos iniciantes e não termos vícios, nem ideias preconcebidas que pudessem atrapalhar. E, claro, havia de nossa parte um profundo respeito e muita boa vontade.

Nessa época tive a consciência de que aprender é um ato constante de humildade; descobri isso observando minha própria evolução. Todas as vezes que me achei pronta, percebi que haveria à minha frente sempre novos desafios... novas pessoas, novas escolhas. Hoje ensino aos meus alunos e clientes que o caminho longo a percorrer deve ser um estímulo ao nosso crescimento e que jamais devemos abandonar a capacidade de sonhar. Sei que vez por outra nos decepcionamos com os fatos da vida e até com as pessoas, mas é importante lembrar que nós construímos o mundo à nossa volta. As pessoas fazem parte do cenário para o nosso aprendizado e crescimento, assim como nós fazemos parte do cenário e crescimento dos outros. É tudo um grande jogo, um grande campo de treino e aprendizado.

Devo agradecer a todos que estiveram comigo nesse período tão rico de minha vida. Aprendi lições muito valiosas e recebi verdadeiros brilhantes espirituais. Costumo dizer que vivemos em alguns anos a experiência de toda uma vida. Deus foi absolutamente bondoso conosco ao nos oferecer tantas oportunidades de acreditarmos em nós mesmos.

Sei agora que a maior falha que podemos ter no nosso aprendizado humano é não exercermos o nosso poder. Esquecendo de nossas crenças, simplesmente abandonamos o nosso barquinho à deriva. Claro que só a maturidade poderá nos guiar, mostrando que não podemos forçar o destino, mas o contato com nosso *Cristo interno* poderá sempre nos conduzir por rumos mais felizes...

Quando vejo novos alunos chegando para nossos cursos percebo o quanto caminhamos, e olhando o rosto interessado deles sei que já fomos assim antes, o que redobra meu carinho, amor e atenção para com todos aqueles que procuram ajuda e conforto espiritual. Cada cura, cada entendimento melhor sobre a vida que esse pessoal apresenta, é uma dádiva ao meu espírito.

Devo dizer que todos os que passaram por nossas vidas foram infinitamente importantes no nosso crescimento, e a todos devo agradecer profundamente.

Obrigado, meus amigos e amigas. Desejo de coração que Deus dê em dobro tudo o que vocês fizeram por nós.

Nessa época começamos em *Alpha Lux a* fazer festas e jantares com comidas preparadas por nós e pelos amigos que queriam ajudar. Tudo com muito carinho e dedicação, o que dava um "tempero" extra aos nossos quitutes. Experimente nossas receitas, pois quem comeu adorou...

Conselhos Práticos de Magia: "Descobrindo o que os Antigos já Sabiam!"

De acordo com a sabedoria ancestral do Hinduísmo, a alimentação é vida e influencia a nossa personalidade assim como a disposição, o bom humor e saúde física. Diz também essa antiga ciência que a qualidade do que ingerimos vai formar o sangue e manter o bom funcionamento de nossos órgãos.

A sabedoria hindu nos remete a três qualidades de alimentos que definem o tipo de energia que eles carregam: **Tamas** representa a inércia; **Rajas**, excitação; e **Satva**, saúde e disposição. Por isso, quando comemos, guardamos dentro de nós essa energia que o alimento traz consigo e acabamos por assumir características que afetarão drasticamente nosso comportamento, pois a parte mais sutil vai direto para o sangue, músculos e consequentemente para o cérebro, que ao ativar nossa parte mental gera nossas emoções. Seguindo esse raciocínio, somos exatamente fruto daquilo que ingerimos.

De acordo com a filosofia hindu, a dona de casa deve cuidar do ambiente em que é preparada a comida. Quando se come fora e não é possível manter a limpeza, devemos fazer uma prece e oferecer o alimento a Deus, o que com certeza irá afastar as negatividades.

Observe a tabela a seguir:

Tipos de alimentos da *Medicina Ayurvédica*

Alimentos	Estado de humor	Ofertas	Onde encontrar
Sátvicos Comida saudável	Equilíbrio, lucidez, pureza, equanimidade.	Clareza de pensamentos. Paz de espírito. Equilíbrio para enfrentar os desafios da vida.	Frutas, verduras, grãos, cereais, quando cozidos com temperos leves e servidos na temperatura adequada.
Rajásicos Comida que exalta as emoções	Emoções agitadas, estado de espírito exaltado, propensão para brigas e reações instintivas.	Agitação excessiva. Desejo exacerbado por coisas materiais. Paixões violentas. Gosto por aventuras perigosas. Conduz a uma verdadeira intoxicação mental.	Alimentos muito condimentados e quentes. Temperos muito fortes, ácidos, amargos ou muito doces. Tudo o que é em excesso é também prejudicial.
Tamásicos Comida que induz à preguiça, ao sono, ao estado inercial da vida quando não acreditamos que seja possível buscar a felicidade.	Preguiça, desânimo, sonolência excessiva, pensamento lerdo e confuso, confusão nas ideias.	Perturbação mental, raciocínio confuso, promove também um estado de ignorância. Digestão lenta, sensação de peso, gazes. Falta de motivação.	Carnes em geral, bebidas alcoólicas, cigarros, drogas, etc.

*Q*UITUTES, SALGADOS E SURPRESINHAS!

Uma boa festa é aquela regada a boa conversa, boa comida e alegria. Nos nossos jantares sempre começamos o evento com bandejas de patês e pães feitos em casa.

Em seguida, servimos nossos pratos quentes e, finalmente, concluímos com as sobremesas. O que de fato difere nossas festas de um jantar tradicional é o sabor dos temperos e as receitas variadas, muitas delas trazidas por mim de minhas viagens.

Vou repartir com você alguns dos meus segredos, mas não esqueça de colocar seu toque pessoal. Às vezes, um enfeite na travessa em que vai ser servido um patê, ou mesmo um temperinho diferente que sua família costuma usar. A comida deve ter o nosso toque pessoal.

Cozinhar é arte, criação e expansão da nossa energia. Quando fizer suas experiências, no entanto, teste antes com sua família, mas depois ouse e colha os resultados do seu ato generoso de receber seus convidados.

Não se esqueça de que ao contrário do que muitas pessoas pensam, a festa começa e termina na cozinha, e até essa parte deve ser vista com prazer...

1. SAMOSA

Em muitos lugares que visitei na Índia experimentei essa iguaria que se chama Samosa. É uma espécie de pastel, servido na maioria dos lugares frito em uma manteiga clarificada conhecida como gyi. Adaptei esta receita aos nossos costumes e hoje ofereço esse quitute assado no forno, assim não fica cheio de óleo e é de mais fácil digestão.

500 gramas de farinha de trigo;
3 colheres de sopa de óleo;
¾ de xícara de água morna;
1 colher de sobremesa de fermento em pó.
Fazer a massa misturando todos os ingredientes.

Recheio de Batatas, ervilhas secas e ricota defumada

1 xícara de ervilhas secas partidas cozidas;
3 batatas médias cozidas;
½ xícara de ricota defumada ralada;
1 colher de chá de gengibre fresco picado.

Curry de Temperos

½ colher de chá de cominho em pó;
½ colher de chá de coentro em pó;
½ colher de chá de açafrão em pó (você poderá pedir para misturar esses ingredientes do tempero, os feirantes costumam fazer isso);
Sal e pimenta-do-reino a gosto.

Em uma panela, refogue no azeite o gengibre e a ervilha, que deve ser cozida em um ponto firme. Em seguida, acrescente a batata picada e o *curry* de temperos; coloque então a ricota defumada ralada e experimente, pois algumas pessoas dispensam o sal e a pimenta.

Faça os pastéis e leve para assar por uns 20 minutos em assadeira untada e enfarinhada. É um delicioso acompanhamento para um *curry* de legumes.

2. Curry de legumes

Curry *significa mistura. Neste caso, estamos falando de uma espécie de sopa, que normalmente é acompanhada de arroz branco e uma série de chutneys, que são molhos agridoces muito temperados. É muito interessante ver os indianos se deliciando ao comer esse caldo com arroz amassado nas mãos e um pão assado sem fermento, conhecido como nan. Apesar de usarem as mãos é tudo muito limpo. Sempre falo para meus amigos que a viagem para a Índia é uma grande abertura nos nossos conceitos e ideias. Como todas as outras receitas, a próxima é uma adaptação ao nosso paladar.*

500 gramas de lentilha;
2 cenouras grandes fatiadas;
1 batata grande picada;
½ couve-flor separada em gomos;
1 xícara de salsinha picada;
½ xícara de coentro fresco picado;
½ xícara de gengibre fresco picado miudinho.

Curry de temperos
1 colher de sopa de açafrão;
½ colher de sobremesa de cominho em pó;
½ colher de sobremesa de cravo em pó;
½ colher de sobremesa de canela em pó.

Refogar o gengibre picado em meia xícara de óleo ou azeite, em seguida colocar o *curry* de temperos para refogar a cenoura, a batata, a couve-flor em gomos e a lentilha crua. Deixe cozinhar levemente com água fervendo até cobrir os legumes; deixe o caldo apurar. Se necessário, acrescente sal e pimenta a gosto. Somente na hora de servir acrescente a salsinha e o coentro. Você pode fazer esse mesmo caldo acompanhado com os legumes que tiver na geladeira, é uma ótima pedida para um jantar tipicamente indiano.

3. Quibe de abóbora

1 xícara de trigo para quibe lavado e levemente cozido em pouca água com os seguintes temperos: alho moído, orégano e sal.

½ abóbora japonesa picada e cozida no micro-ondas por sete minutos.

Cebola, alho, sal, salsinha e hortelã picada a gosto.

Amasse a abóbora ainda quente até formar um purê. Feito isso, adicione o trigo e umas três colheres de farinha de trigo para dar o ponto.

Coloque a metade dessa mistura em uma forma untada com óleo e reserve o restante, para cobrir o seguinte recheio:

Recheio de ricota ou queijo branco

Queijo branco picado ou ricota temperada e esfarelada, um ovo inteiro.

Leve para assar em forno de médio para alto por 20 minutos.

4. GRATINADO DE VERDURAS DA BEATRIZ

Minha irmã Beatriz conta que esse é o prato preferido de todos em sua casa! Especialmente do seu filho Bruno, que abre um sorriso quando chega para o almoço e encontra essa delicia! Muito bacana encantar nossos filhos.

1 cebola pequena picada;
1 dente de alho picado;
2 maços de espinafre fatiados finos;
500 gramas de batata descascadas e fatiadas (fatias médias);
½ xícara de creme de leite *light* (ou 1 caixinha);
4 colheres de sopa de parmesão;
1 pimentão vermelho;
1 xícara bem cheia de cogumelos fatiados;
1 caixa de molho de tomate em pedaços;
250 gramas de muçarela ralada.

Refogue em azeite, o alho, a cebola e o espinafre. Reserve. Cozinhe as batatas com sal. Unte um refratário e coloque as batatas espalhadas e orégano. Refogue o pimentão fatiado fininho com um pouco de cebola, alho e azeite e acrescente o molho de tomate em pedaços; depois acrescente os cogumelos e refogue bem. Coloque o molho sobre a camada de batatas e por cima espalhe o espinafre refogado e a muçarela. Faça camadas com as batatas e o molho. Misture o creme de leite com o parmesão, coloque sobre as batatas e leve ao forno para gratinar!

5. Rocambole de espinafre

Bater no liquidificador:
   2 ovos inteiros;
   1 xícara de leite;
   ½ xícara de óleo;
   1 colher de chá de sal;
   2 xícaras de farinha de trigo;
   1 colher de sopa de fermento em pó.

Tirar do liquidificador e adicionar a essa massa uma xícara de espinafre cozido e picado; levar para assar por 20 minutos em forno quente. Desenformar e reservar.

Recheio de ricota com nozes
   ½ ricota esfarelada;
   3 colheres de sopa de leite;
   ½ xícara de nozes moídas;
   ½ xícara de uvas-passas.

Misture todos os ingredientes e recheie a massa já preparada. Por cima, coloque molho de tomate e queijo ralado. Leve para gratinar. Fica fantástico.

14

Patê de Cenoura e Ricota

Os patês são sempre uma mistura de muitos sabores, legumes, temperos, ricota, maionese, salsinha. Tudo formando um aparente caos que cria uma liga extremamente saborosa!

Amsterdã me recebeu com um dia chuvoso e frio. Saímos de São Paulo preparados para enfrentar as baixas temperaturas do inverno europeu e por baixo dos casacos estávamos usando blusas coladas no corpo justamente para evitar que os ventos úmidos penetrassem as tramas dos tecidos inapropriados, afinal brasileiros não costumam ter roupas adequadas para a neve. Foi enfim uma surpresa agradável passear pelas ruas da capital da Holanda sem sentir frio. Frio mesmo, pensava eu, havia deixado no Brasil...

Os últimos dias que passei em São Paulo tinham sido repletos de turbulências, a começar pelo telhado da casa alugada por nós para trabalhar que simplesmente desabou em um dos cômodos por causa das fortes chuvas de verão. Com a viagem marcada com antecedência para mais uma vez ver Sai Baba na Índia, não pude fazer mais nada para resolver o assunto. Simplesmente tive que deixar a cargo de minha irmã e de minhas amigas o encaminhar de um assunto tão desgastante.

Tive de confiar no destino e nas mãos de Deus...

Observo que muita gente que se envolve com vida espiritual acredita que, por estar trilhando o caminho do autoconhecimento, não irá mais passar por privações, nem mesmo enfrentar problemas... Triste ilusão, porque a vida e as experiências continuam e às vezes até se tornam mais fortes. Não é que somos testados, como alguns imaginam, mas temos mais sede de aprender, assim as coisas são aceleradas.

Havia no meu grupo um grande despreparo para a vida. Trabalhávamos sem a consciência de que viver na Terceira Dimensão exige estarmos preparados para enfrentar os desafios que são próprios deste mundo. Hoje sei que precisamos aprender a viver no mundo dos homens e nos sustentarmos sob todos aspectos, inclusive o financeiro.

Confiar em Deus, aprendi, é agir dentro de uma fé prática. Acreditar no divino é fazer a nossa parte e não deixar as coisas que dependem de nossa ação ficarem à deriva.

Um trabalho edificante, forte, coerente e lúcido é conquistado a partir do amadurecimento. Muitas vezes os mentores espirituais nos falaram que seus servidores deveriam ser os mansos de coração. Nunca entendi muito bem o que isso queria dizer. Afinal, aprendemos desde cedo a lutar pelos nossos interesses, agora eles que são os mestres nos falavam de mansidão?

– O que é ser manso? – me perguntava sem entender.

– O que é aceitação sem resignação?

Viajei para a Índia com todas essas questões na cabeça, pois não havia deixado meus problemas para trás como pretendia, estavam todos com minha bagagem...

No meu primeiro *darshan*, que é a visão do avatar, senti uma enorme onda de amor limpando meus pensamentos. E, em meio a um profundo desconforto físico decorrente da longa viagem até a Índia, me senti acolhida. Sai Baba parecia me dizer o quanto o amor pode curar. Senti uma mensagem vir diretamente para mim e dizer assim:

"A bondade aproxima."

Passei um bom tempo matutando sobre o que isso queria dizer. Será que não estava sendo boa? Onde estava errando?

Quando passamos por um sofrimento ou nos desapontamos com alguém normalmente queremos justiça, reclamamos dizendo que fomos traídos, buscamos por explicações, pois nos sentimos atingidos e injustiçados, não é?

Era bem assim que me sentia, cheia de dores causadas pelos desencantos. E ali com Sai Baba estava sendo curada de tudo isso por meio do seu amor... Simplesmente incompreensível para a mente racional, mas totalmente aceito pelo meu coração sedento de colo e aconchego...

Observei as pessoas ao meu redor, quantos países, quantas culturas diferentes, quantas histórias de vida à minha volta. O que afinal buscavam, senão o contato com o amor?

Percebi que a bondade que aproxima é fruto desse amor que cura...

Notei que quando abrimos o coração e deixamos de sentir a injustiça que muitas vezes para nós é real, entramos em uma outra sintonia, que é a sintonia do amor e da graça divina.

Essa viagem à Índia foi muito especial. Fomos apenas eu e meu marido, propositadamente escolhemos não estar com um grupo, ambos queríamos a solidão. Pensávamos em recolhimento, em respostas através do silêncio.

Aprendemos muito sobre o respeito que devemos ter pelas pessoas. Às vezes, por sermos íntimos de alguém, nos damos o direito de interferir em sua vida. Ficou claro que não é assim que funciona... Que mesmo Deus ou os nossos mestres jamais interferem no nosso aprendizado. Aprendi que eles são tão sábios que permitem a nós, seus amados filhos, passarmos por nossas experiências e assim aprendermos com a vida.

Deixei de sentir o abandono, porque quando estamos atravessando um momento obscuro de nossa história de vida, costumamos nos sentir abandonados. Descobri que isso simplesmente não existe. Nessas horas, o que costuma acontecer é a perda do contato. Tudo continua à nossa volta, nós é que nos desligamos.

Dentro desse aprendizado de que a bondade aproxima, vivi outras interessantes experiências. Uma delas foi o resgate de certas informações que deixei aprisionadas ao passado. Sabe aquelas coisas que se foram? Aquelas pessoas que um dia julgamos ruins ou inadequadas para a nossa vida ou o nosso convívio?

Pois bem, aprendi que não é bem assim. Pessoas são pessoas, e neste caso em especial devemos soltá-las do nosso passado. Por que continuar pensando que alguém nos fez mal? Por que continuar acreditando em sofrimentos que alguém nos causou?

Compreendi que o perdão é também aceitar que as pessoas mudam. De fato mudam. Assim como eu mudei, todos podem mudar. Veja isso na sua vida. Você não mudou?

Você não aprendeu? Por que então não acreditar que os outros, em especial aqueles que lhe fizeram mal, também mudaram?

Para o nosso crescimento aprendi ser necessário se desligar do passado. Cheguei à conclusão de que desperdiçamos muito tempo e energia desejando controlar o fluxo incontrolável da vida. Não há mal, assim como não há bem. O nosso telhado caiu e foi reconstruído, as pessoas passaram e levaram suas histórias. Enfim, os cenários mudaram e as lições foram aprendidas. Afinal, tudo foi importante.

A bondade aproxima, o amor cura e o perdão liberta. Essas foram as lições mais importantes que aprendi nos últimos tempos e que quero aqui repartir com você.

Viver e deixar viver... Faz parte do nosso aprendizado deixar as coisas acontecerem. Afinal a vida é um *self service*, cada um se aproxima da mesa fartamente guarnecida de pratos saborosos e suculentas experiências e se serve do que preferir. Hoje prefiro as temperaturas mais brandas, os sabores menos picantes, os sucos mais suaves, mas nem sempre foi assim. Já quis muito ter razão, já quis muito ter o final da história sob meu controle e até mesmo ensinar aos outros a moral dos acontecimentos.

Hoje deixo rolar. Experimento da maravilhosa magia da vida, que me ensinou pegar dessa mesa farta o que me faz bem...

Conselhos Práticos de Magia: "Aceitar o Destino!"

Algumas pessoas já me perguntaram se acredito em destino. Acredito sim, mas acredito ainda mais em mudanças. Acredito que podemos agir sempre para melhorar nossa vida. Cada vez que escolhemos ver o lado mais luminoso das nossas experiências estamos modificando tudo o que está a nossa volta.

Somos imagem e semelhança de Deus, assim também podemos ser manifestação dessa plenitude que o divino nos oferece. Acredito que somos nós mesmos que criamos nossos cárceres, e à medida em que escolhemos ver a vida melhor, começamos a transformar nosso destino. Neste livro você aprendeu muitas magias, aprendeu que pode limpar a própria energia, mas eu gostaria de ressaltar que tudo, absolutamente tudo, depende de você. De nada adiantará tomar banhos, besuntar-se de óleos, vestir-se de branco se sua alma estiver cheia de tristezas, afogada em maus pensamentos. Você precisa mudar por dentro.

A grande magia é a transformação interna, o resto é acessório.

As velas não farão o ritual. O mundo da forma não é capaz de registrar a imagem do divino apesar de ele estar em tudo. Deus não é visto, é sentido e experimentado em qualquer situação, em qualquer local.

Lembre-se, você pode até não acreditar que criou o seu destino, mas não poderá negar que está em suas mãos modificá-lo. Ver a vida melhor. Sempre a despeito das aparências, procurar enxergar as mãos divinas no seu caminho é a melhor maneira de encontrar a felicidade.

Acredite, há um caminho para você. Há um destino de luz para sua vida, é só aprender como se conectar.

Aprendi que o descontentamento frente às experiências que estão no nosso caminho é um importante passo para efetivarmos mudanças profundas em nossa vida. Quando estamos insatisfeitos, costumamos procurar as transformações. Assim foi comigo, que tão pouco sabia da minha força, e assim sei que é com a maioria das pessoas.

Hoje, agradeço profundamente aos meus mestres, os espirituais e principalmente os humanos, porque foram eles que me ensinaram ser quem hoje eu sou.

Meditação com as flores

Estava fazendo uma meditação quando recebi uma intuição que hoje quero repartir com você:

Sente-se em um lugar calmo e acenda uma vela branca para o seu anjo da guarda.

Respire profundamente algumas vezes, soltando o ar pela boca, mentalizando que todas as porcarias serão retiradas de você e dissolvidas pela Chama Branca.

Em seguida, imagine que há pairando no alto da sua cabeça uma grande flor branca pura e cheia de perfume. Visualize que essa flor entra em você, curando o seu corpo, limpando seus pensamentos, aliviando a tensão. Imediatamente você irá se sentir mais leve e mais disposta.

Continue esta visualização, deixando muitas flores entrarem em você pelo tempo que for necessário.

A limpeza do corpo, da mente e do espírito por meio da meditação é uma técnica extremamente poderosa e ao mesmo tempo muito fácil de se praticar. Observe que a medida que você faz esse tipo de exercício vai ficando cada vez mais fácil. Afinal, você não está exatamente aprendendo algo novo, mas se conectando com a sua natureza, que é divina e sabe tudo isso e muito mais.

Patê de Cenoura e Ricota

Uma boa mesa *self service* é disposta com pratos variados que as pessoas podem escolher e se servir à vontade. As receitas que coloco a seguir são práticas, fáceis e muito saborosas. Experimente em suas reuniões.

Dar liberdade aos convidados é fundamental. Como sempre preparo pratos vegetarianos, tenho o cuidado de não exagerar na minha escolha. Sempre coloco à mesa muitas opções, assim as pessoas fazem como na vida, escolhem o que vão provar...

1. Patê de cenoura e ricota

A ricota é excelente para fazer vários tipos de patês, este é muito saboroso. Lembro-me que foi feito por acaso, num dia em que resolvi fazer um sanduíche diferente e não tinha muitos ingredientes na geladeira.

1 cenoura grande ralada no ralo grosso;
½ ricota esfarelada;
1 colher de sopa de *curry*;
½ xícara de cheiro-verde picado bem miúdo;
½ xícara de café de água;
½ xícara de café de óleo;
1 colher de sopa de maionese;
Sal e pimenta-do-reino a gosto.

2. Salada de melão para festa

Quem me deu esta receita foi minha amiga Sueli, que além de ser muito criativa e extremamente sensível, sabia como ninguém demonstrar carinho por meio dos seus pratos. Obrigada por tudo, Sueli!

1 melão picado;
1 lata de seleta de legumes;
1 maça picada;
1 cebola pequena picada;
1 xícara de cheiro-verde;
2 hastes de salsão picadas;
½ xícara de uvas-passas;
½ xícara de nozes picadas;
½ xícara de azeitonas sem caroço.
Misturar tudo, temperar com maionese e servir frio.

3. Hambúrguer de proteína de soja

Não é porque alguém se tornou vegetariano que precisa comer só salada. Vez por outra bate aquela vontade de comer um belo sanduíche. Para essas ocasiões, desenvolvi esta receita.

1 xícara de proteína de soja moída e hidratada com água quente e escorrida até não ter mais água;
1 cebola média picada;
1 pimentão pequeno picado;

½ xícara de cheiro-verde picado;
1 ovo inteiro;
Sal, pimenta-do-reino e orégano a gosto;
Farinha de rosca até dar ponto.

Em uma frigideira antiaderente, coloque um pingo de óleo e com a colher vá fazendo os hambúrgueres; com o auxílio de uma espátula, achate os bolinhos e frite dos dois lados.

Fica ótimo servido com salada, queijo ou o que você preferir. Às vezes, faço bolinhos pequenos e sirvo como almôndegas no molho de tomate... Delícia!

4. FOUNDUE DE QUEIJO

Esta receita eu trouxe de Campos do Jordão, e aprimorei o acompanhamento deste delicioso molho de queijo. Hoje sirvo em meus jantares pães variados e legumes levemente aferventados. Brócolis, couve-flor e cenoura fatiada em rodelas são os favoritos do meu pessoal. Costumo colocar à mesa um prato grande com esses legumes já temperados com sal, pimenta-do-reino e orégano. Meus convidados então escolhem se querem comer pães ou os legumes mergulhados no molho de queijo. Acabam fazendo uma grande mistura.

200 gramas de queijo *emmental* ralado;
250 gramas de queijo estepe ralado;
200 gramas de queijo *gruyere* ralado;
Noz-moscada ralada;
1 cálice de vinho branco de boa qualidade;
1 cálice de *kirch* (uma espécie de aguardente de origem belga).

Na boca do fogo, depois de esfregar um dente de alho na panela de fondue, colocar o vinho, os queijos – por último o tipo estepe. Na hora de levar à mesa, acrescentar o *kirch*. Faça umas duas receitas porque não rende muito.

É maravilhoso para uma reunião íntima em uma noite fria.

5. ESTROGONOFE DE PROTEÍNA DE SOJA

Três xícaras de proteína de soja separada em pequenos gomos e hidratada por 15 minutos em água quente. Procure escorrer toda a água porque se não fica sem gosto.

½ xícara de óleo;
½ xícara de conhaque;
1 cebola grande picada;

½ xícara de gengibre picado bem pequeno;
1 pimentão vermelho picado;
2 xícaras de molho de tomate;
½ xícara de mostarda;
½ xícara de *ketchup*;
1 vidro de cogumelos;
1 lata de creme de leite.

Em uma panela grande e rasa refogue a proteína de soja com o óleo e o gengibre até os pedaços ficarem bem corados e secos. Acrescente o conhaque e flambe normalmente. Em seguida coloque o pimentão, a cebola e os temperos que você costuma usar. Tome cuidado com o sal, porque a mostarda tem um gosto forte. Em seguida, coloque o molho de tomate, o *ketchup* e a mostarda e deixe ferver. Quando estiver cozido, acrescente os cogumelos sem a água e o creme de leite. Sirva o prato acompanhado de arroz e de batata palha.

6. Batatas assadas

Costumo fazer este prato para acompanhar o strogonofe. Meu pessoal adora.

5 batatas grandes descascadas e picadas em pedaços grandes;
1 ramo de alecrim;
Sal a gosto;
1 fio de óleo.

Levar em um pirex tampado por cinco minutos no micro-ondas. Em seguida, escorrer e colocar em uma assadeira no forno comum por mais dez minutos.

7. Esfiha

O importante desta receita é o recheio, pois é feito de carne de soja.

Preparar uma massa mole com:
1 xícara de leite morno;
1 colher de fermento para pão;
1 colherinha de sal e outra de açúcar;
1 xícara de margarina ou óleo;
½ xícara de coalhada.

Deixe descansar por no mínimo meia hora, enquanto prepara o recheio.

Refogar em uma panela com um fio de óleo:
1 xícara de proteína de soja moída, hidratada e escorrida;
2 colheres de sopa de gengibre picadinho;
1 colher de sopa de molho de soja (*shoyo*)
Orégano, sal e pimenta-do-reino a gosto.
Quando tirar do fogo, colocar uma xícara de cheiro-verde picado.
Preparar com a massa bolinhas do mesmo tamanho. Quando terminar de enrolar a primeira, está pronta para ser recheada. Esta massa abre nas mãos. Feche como se fosse um triangulo. Leve para assar em forno médio e receba os elogios.

8. PANIR

Esta receita foi trazida da Índia. É uma espécie de patê servido no café da manhã no refeitório do Ashran de Sai Baba.

Fazer um refogado com:
2 tomates picados;
1 cebola média picada;
1 colher de sopa de *curry* à base de açafrão.
Depois de frio misturar em 250 gramas de ricota esfarelada.
Colocar essa mistura sobre pão de forma fatiado e levar ao forno quente.

9. SUCO DE CENOURA, LIMÃO E SALSINHA

Meu tio Airton, que sempre estava às voltas com dietas saudáveis, me ensinou. Obrigada! Agora sempre ofereço aos meus convidados mais essa opção de bebida. Servido sem açúcar, é bem diurético além de muito saboroso. Vale experimentar.

Colocar no liquidificador:
1 limão picado;
1 cenoura grande picada;
1 maço de salsinha.
Bater com um pouco de água. Coar e acrescentar o tanto de água suficiente para servir.

15

Comidinhas Leves – Regimes

Nunca foi fácil fazer um regime, mas nada melhor do que vencer nossos maus hábitos e mudar a vida para ficarmos mais leves. Porém, percebo que junto com a mudança alimentar é preciso mudar o pensamento.

Sai Baba diz que a alegria é o intervalo entre duas tristezas, e acho difícil alguém dizer que a vida segue um fluxo diferente desses intervalos. Claro que nem tudo é desafio ou sofrimento, mas muitas vezes quando resistimos aos fatos da vida, com certeza vamos sofrer e até pensar que a vida é difícil, que está tudo complicado, que precisamos lutar para fazer diferente... E aí entra a resistência, a tendência de brigar com a vida.

Sempre fui guerreira, nunca me intimidei frente aos desafios, sempre gostei de trabalhar, e gosto até hoje de pensar que o trabalho dá significado a nossa existência. Mas, como boa lutadora sempre fui muito focada em resultados. Sempre me dediquei muito para alcançar objetivos, mas é claro que queria as coisas do meu jeito e nunca havia parado para pensar que poderia ser de outra forma. Pensava assim:

Se tem que trabalhar, ok, vamos lá. Se alguém está precisando da minha ajuda, vamos lá.

Achava que era assim que a vida funcionava, que estava tudo certo. Porém, é claro que as coisas às vezes davam errado e eu tinha de lidar com frustração, decepção e contrariedade, mas sempre fui otimista e pensava que todo mundo enfrenta esse tipo de coisa, que eram testes para vencer.

O espírito de luta nunca me deixou desistir, mas também nunca me deu liberdade para ver outras alternativas mais iluminadas, leves e felizes.

Hoje percebo que não enxergar alternativas faz parte do véu de Maya que cria limites naturais vinculados a nossa própria vibração.

Vamos dizer que somos capazes de ver, de entender apenas aquilo que no momento está ao nosso alcance.

Essa época foi de grande aprendizado, eu estava montando vários grupos, recebia sempre gente nova e o trabalho em *Alpha Lux* fluía bem, o que sinalizava que estávamos no caminho certo. Assim, quando mais uma vez retornei à Índia, imaginei que as vivências seriam de ordem espiritual. Dessa vez estava com um grupo que, além de fazer o percurso do triângulo dourado, Agra, Jaipur e Dheli, se programara para seguir até o Nepal. Então, tivemos uma convivência intensa, entrando e saindo de hotéis, percorrendo estradas malucas cheias de motoristas inconsequentes, que pareciam determinados a testar nossos limites emocionais colocando nossas vidas em risco ao fazerem ultrapassagens arriscadas em estradas que por aqui pareceriam vias de mão única. Uma loucura que para os indianos é normal.

Penso que se as pessoas que vão para a Índia não repensam suas vidas nos templos, em orações frente às lindas imagens de deuses ancestrais, com certeza olham para a perspectiva da morte e têm a oportunidade de analisar rapidamente suas escolhas durante as viagens de automóvel.

Quanta coragem um turista precisa ter para enfrentar as estradas da Índia, aliás nada mais forte para fazer a gente repensar nossas apostas do que a convivência de um grupo que viaja junto.

Fiquei tão escaldada desse tipo de combinação que envolve pessoas, lugares diferentes, intimidade forçada e cansaço, que hoje não tenho a menor vontade de viajar em grupo. Parece que sempre que as pessoas se juntam, agregam também os problemas. Aliás, penso que não há nada mais desafiador que se aprofundar em um convívio. Pois, enquanto estamos apenas conhecendo alguém, almoçando junto, passando um tempo tranquilo com a pessoa, tudo bem. Os problemas começam a surgir quando o tempo junto se prolonga. Aí aparecem os atos negativos, as demonstrações de egoísmo, de má vontade e irritações.

A viagem foi linda, paisagens exuberantes se descortinaram em um emocionante voo sobre o Monte Everest, no Himalaia; o passado e o presente se juntaram à visita à pitoresca cidade de Katmandu. Rezamos juntos na linda estupa budista perto da cidade e, naturalmente, aconteceu o estreitamento de relações com os companheiros de viagem, exigindo a prática da espiritualidade aprendida no *ashran* – exercer a paciência, tolerância, boa vontade e todas as outras coisas lindas que preenchem os livros sagrados.

Estava realizando coisas que nunca imaginei que faria. Afinal, fui criada com bastante simplicidade e acostumada com um mundo pequeno e sem muito *glamour*.

Como sonhar está ao alcance de todos, nunca vi nos limites barreiras intransponíveis e, com certeza, por conta desse mergulho na espiritualidade, muitas coisas novas estavam chegando até a mim, mas as transformações não se resumiam às lindas viagens e momentos especiais como conhecer Paris, a bela Itália, passar pela África do Sul ou visitar as areias e construções fantásticas de Dubai.

As viagens ao mundo interior, revendo meus conceitos e me deparando com o carma, ganhavam um espaço significativo na minha caminhada. E a convivência com as pessoas foi sem dúvida nenhuma o maior desafio.

Voltei várias vezes para a Índia, conheci pessoas lindas que gostaria de ter mantido contato e até desejava ficar amiga de verdade, mas também conheci pessoas que mostraram um lado feio que, se pudesse, teria escapado de compartilhar e de olhar. Mas carma é carma e quando está escrito que vamos encontrar alguém, que ali acontecerá uma troca de energia, que teremos algo para aprender com aquela pessoa, não tem como escapar.

Hoje percebo que algumas situações foram um pouco piores do que poderiam ser normalmente, por causa das minhas atitudes e franqueza. Criada ouvindo minha avó dizer que quem fala a verdade não merece castigo, achava que podia ser franca com as pessoas, que podia dar vazão aos sentimentos. Pensava que, quanto mais honesta fossem minhas colocações, mais segura estaria, afinal nunca tive a intenção de ferir ninguém, nem com palavras nem com atitudes, então por que esse jeito de agir seria errado? Mas, essa forma de viver não me assegurou a paz e relações sem conflito como gostaria de ter.

Ao contrário, foi tudo complicado, porque apesar de ter sido sempre honesta, fui também muito ingênua e simplória no meu julgamento. Achava que meu modo de ver era o único, o verdadeiro... e essa soma de virtudes com tanta ingenuidade e sem sabedoria pode se tornar um fardo na vida de alguém, trazendo grandes complicações, como aconteceu comigo.

Fiquei próxima de pessoas em desequilíbrio e ofereci ajuda sem que as pessoas me pedissem, porque imaginava estar fazendo o melhor. Quanta ignorância...

Agora posso rir do assunto, mas naquela época sofri com muitas decepções. Esperava coisas que aquelas pessoas não queriam ou não podiam oferecer. Amei do meu jeito e sofri por conta do meu jeito também. Foi duro aprender que cada um tem seu mundo, seus valores, e que algo muito importante para mim pode ter pequeno valor para o outro e vice-versa.

Acho que a maioria de nós segue para seus relacionamentos muito carente e com uma sede muito grande de amor e aceitação, querendo que tudo dê certo. E, agindo assim, começam as montanhas-russas emocionais quando esperamos do outro algo diferente da sua natureza e da sua vontade de nos oferecer. Pelo fato de as pessoas poderem não querer nos amar, podem não querer nos oferecer o seu melhor...

Foi sentindo tudo isso e procurando entender esses desacertos que no retorno da Índia, depois de sofrer com um rotavírus por 20 dias, na sequência tive de operar o apêndice. Claro que quando uma doença está no corpo físico, precisa ser tratada no plano material, mas no meio desse turbilhão entre doença, hospital, remédios e muito mal-estar, muita coisa passou pela minha cabeça e tive a oportunidade que antes nunca me dei de observar a atitude das pessoas à minha volta. Na cama do hospital, tendo de ficar ali parada, sem forças, percebi o quanto estava acelerada, fazendo as coisas loucamente, cuidando de todos, dando mil palpites, achando que estava maravilhosa no amor, quanto engano. Quanta surpresa!

Não foi fácil observar que algumas pessoas que eu tinha em alta cotação tinham pouca ou nenhuma disposição de me ver no hospital. Percebi com tristeza a indiferença de outras que nem me ligaram, e vamos combinar que custa bem pouco largar o que você está fazendo e dar um telefonema para um amigo doente.

Confesso que levou tempo para compreender que não se tratava de descaso, e sim de uma série de receios, preconceitos e até constrangimento em lidar com alguém doente. Mas tenho de dizer que sofri bastante e demorei para entender que quando as pessoas não sabem como lidar com um assunto, aquilo pode mesmo se tornar um peso.

Essa época foi de muito amadurecimento. Aprendi a olhar mais para mim mesma. Percebi que até então, apesar de ser amorosa e cheia de boas intenções, queria que o mundo e as pessoas fossem do meu jeito. Foi preciso ficar só. Ser nocauteada pela doença para abrir para uma outra forma de conexão com o mundo.

Até então, eu usava o amor como uma espécie de mercadoria. Veja, amiga leitora, que não falo com vergonha, nem maldade ou arrependimento, pois era o tipo de sentimento e de atitude que sabia ter.

Amava os outros, queria ter um milhão de amigos, queria que as pessoas se sentissem amadas e queridas para criar um elo e receber amor. Na verdade, era uma carência enorme que me motivava agir assim. Estava o tempo todo em busca de aceitação. Queria ser amada, e vejo que essa atitude que mesmo hoje ainda me visita de vez em quando não está vinculada a minha mãe ou minha família, que cuidaram de mim...

Percebo que essa carência tão dolorosa está ligada à minha alma, a um desejo intenso de amor, de conexão. E minha mente interpretava isso como uma necessidade de me dar bem com o mundo à minha volta. Uma questão também ligada à falta de autoestima. Assim, dores do passado, desta vida e de outras, rejeição, mágoas estavam voltando à tona e se espelhando nos meus relacionamentos.

Vejo que fui eu quem fantasiou as pessoas com os atributos que julgava importantes, e com isso não via quem de fato elas eram. E não eram monstros insensíveis, eram apenas pessoas normais que também carregavam suas frustrações e desejos.

Nessa época rompi com parte do grupo original e, quando tudo estava mais calmo, me descobri grávida da Paola, minha segunda filha – fato que exigiu um novo aprendizado e acertos, pois já estava com 40 anos e uma vida profissional caminhando de vento em popa, o que significava muitos compromissos.

Queria ter um filho com o Fábio, mas só me dei conta do quanto isso iria impactar na minha vida quando recebi o resultado positivo do exame de gravidez.

Vivi intensamente essa lição espiritual que diz que a alegria é um intervalo entre duas tristezas. E agora estava com medo de me entregar à alegria.

A gravidez foi tranquila e pude reviver essa fase tão especial da vida de uma mulher, agora mais madura e tendo ao meu lado um companheiro amoroso e bem-humorado que fez toda a diferença.

Com a Paola voltei à cozinha para fazer papinhas de neném, mas minha casa ganhou cheiro de novas comidas e temperos porque agora a família crescia, mais pessoas vieram morar conosco, uma nova empregada, uma babá e, naturalmente, a conta do supermercado aumentou proporcionalmente.

Mas, infelizmente, não foi apenas isso que aumentou. Claro que engordei, o que achei péssimo. Detestei me ver mais gorda. Foi terrível perder a silhueta e enfrentar o medo de não voltar a usar minhas calças jeans.

Não sou completamente vaidosa, mas sempre cuidei da aparência e acreditei que precisamos estar bem no todo, no corpo, na mente e no espírito. Mas quem resiste a um café com pão de queijo, ou a um maravilhoso bolo de milho, ou um prato de arroz com feijão bem temperado?

Depois que minha filha nasceu veio a fase dos regimes, falo no plural porque meu marido, que é um bom garfo, me acompanhou em tudo, inclusive nos quilos a mais, o que não foi muito bom.

Nessa época deixei minha comida mais *light*, contei calorias, pontos, voltei para a ginástica, enfim, queria de qualquer forma me encontrar novamente em meu corpo. Aproveito para compartilhar com você as receitas leves desse momento.

Conselhos Práticos de Magia: "Como Fazer um Regime Dar Certo!"

O primeiro passo é ter persistência, pois nos primeiros dias a gente quer largar tudo, quer comer normalmente aquilo que estávamos acostumados nos últimos tempos. Porque ninguém gosta de restrição. Se não gostamos de ouvir um não para nossas apostas e trabalhos, por que aceitaríamos o "não" na alimentação? Claro que não aceitamos.

Percebo, inclusive, que muitas vezes descontamos na comida nossas frustrações. Aquele dia pesado, chato, cheio de compromissos irritantes muitas vezes pode ser esquecido com um bom prato de doces ou massas. Mas, e depois, quando olhamos no espelho e vemos aquela barriguinha irritante?

Tenho certeza que todo mundo que já fez regime também enfrenta a falta de força de vontade, porque no começo nos dedicamos a fazer a dieta e o metabolismo não ajuda, ainda mais se você já tem mais de 40 anos. Aí sim as coisas se complicam e você deverá ser ainda mais persistente, mas sabemos que o esforço compensa.

Dominar a gula e o desejo por doces pode ser um grande desafio, mas dominar qualquer outro traço de personalidade também é bem difícil, mas se não fizermos isso conosco, quem o fará?

Será culpa apenas do nosso metabolismo, da pressão externa?

Mesmo se assim for, precisamos nos dominar.

Como dizem os mestres, podemos nascer de uma forma, mas ao longo de nossa vida a evolução chega junto com a lapidação do caráter. Talvez, se encararmos a dieta como mais um passo de transformação, algo ligado à autoestima, quem sabe fica mais fácil?

Sugiro que você procure um médico ou nutricionista, enfim, alguém qualificado para acompanhar esse seu movimento, porém observe o lado emocional, mergulhe fundo para entender por que está comendo demais, que tipo de frustração ou desgaste está buscando compensar no alimento. Se tudo é energia, precisamos cuidar da nossa energia também.

Se você se interessou pelo sistema de pontos, procure na Internet e encontrará muitas opções. O regime funciona. Pode acreditar!

COMIDAS LEVES PARA REGIMES

Estas receitas seguem a pontuação da Dieta dos Pontos. Vale lembrar que você pode abusar das saladas de folhas sem óleo, mas usando a criatividade podemos substituir por vinagre, limão, temperos variados. Fica tudo muito bom, mas tenho de confessar que sinto falta do sabor do azeite.

Algumas dessas receitas já estão neste livro, mas neste capítulo estão adaptadas em uma versão mais light.

1. GRATINADO DE ESPINAFRE COM BATATAS

Este prato é maravilhoso. É uma refeição completa muito leve e saudável. Você pode substituir o espinafre por outra verdura qualquer. Experimente!

1 maço de espinafre;
5 batatas médias cozidas com a casca;
2 colheres de sopa de margarina ou óleo;
1 xícara de ricota esfarelada;
1 cebola média cortada em rodelas finas;
1 iogurte desnatado;
2 colheres de sopa de queijo parmesão ralado;
Sal, pimenta-do-reino e noz-moscada ralada a gosto.

Lave as folhas do espinafre e cozinhe-as em pouca água; escorra e reserve. Forre uma forma refratária com a margarina, as batatas em rodelas, em seguida espalhe as folhas de espinafre, a ricota esfarelada misturada no iogurte, a cebola em rodelas e os temperos. Faça quantas camadas forem necessárias. Polvilhe com queijo ralado e leve para assar em forno quente por 20 minutos.

Total: 180 pontos (6 pedaços de 30 pontos cada).

2. MACARRÃO COM MOLHO DE TOMATES SIMPLES

6 tomates (não tem pontuação);
2 colheres de óleo;
2 colheres de azeitona picada (5 azeitonas);
1 cebola pequena.

Refogar a cebola, acrescentar os tomates cortados em pedaços grossos, deixar abafar, acrescentando as azeitonas, sal a gosto, pimenta-do-reino ou dedo-de-moça, também a gosto. Por último, quando já estiver cozido, acrescentar manjericão picado e salsinha para dar gosto.

Total de pontos: 80 (duas xícaras de macarrão cozido = 40 pontos cada).

Temos uma linda refeição *light* com 120 pontos, que pode servir duas pessoas.

3. TOMATE CAQUI RECHEADO

6 tomates grandes;
6 colheres de sopa de berinjela cozida na água e escorrida, bem temperada, amassada e refogada com 1 cebola pequena e 2 colheres de óleo;
1 fatia grossa de ricota amassada.

Fazer um furo redondo no tomate, retirar as sementes e colocar uma mistura da ricota com a berinjela e demais temperos. Em uma forma untada, levar para assar por 45 minutos em forno médio.

Cada tomate vale aproximadamente 14 pontos.

Pode acompanhar duas colheres de arroz (20 pontos + quatro colheres de lentilha 20 pontos)

Uma refeição bem leve e saborosa.

4. SOPA DE GRÃO-DE-BICO, OU FEIJÃO BRANCO, OU ERVILHA SECA

> *Dica: Se você quiser facilitar sua vida, deixe cozido um pacote inteiro do grão escolhido, divida em potes com um pouco do caldo e congele, fazendo a medida de uma xícara, assim você usa uma quantidade certa por dia. Para cozinhar, você deve deixar de molho de um dia para outro na água e cozinhar no fogo médio, sem pressão.*

1 xícara de grãos já cozidos (40 pontos).
Refogar em 2 colheres de óleo:
1 cebola média picada;
1 tomate;

Temperos a gosto;
1 batata picada;
1 cenoura picada.
Cobrir de água, acrescentar a medida dos grãos já cozidos e deixar cozinhar.
Total: 140 pontos (1 prato = 35 pontos).

Quando sinto que a fome aperta, deixo a sopa ferver, acrescento mais água e um maço de espinafre picadinho, ou um maço de couve, mostarda ou qualquer outra verdura. Não esqueça de testar o sal, e se gostar, coloque pimenta dedo-de-moça junto com a cebola para refogar.

Uso bastante temperos, às vezes uma colherinha de chá de tempero baiano, curry, outras vezes uma folha de louro. Tudo para dar gosto e ficar leve.

5. SOPA DE FEIJÃO

Faço sempre essa sopa domingo à noite, pois tenho os meus potinhos de feijão congelados e aí é só juntar os demais ingredientes. Tudo fica pronto em menos de meia hora.

Colocar para ferver em meio litro de água:
1 xícara de feijão cozido;
1 batata picada;
Temperar com sal, pimenta-do-reino e orégano.
Quando a batata estiver cozida, acrescente o equivalente a duas xícaras de macarrão cozido. E complete com água, para dar a consistência de uma boa sopa.
Total: 90 pontos (4 pratos com 23 pontos cada)

6. MOLHO VINAGRETE LIVRE DE PONTOS E DE CALORIAS!

Faça à parte um molho vinagrete com um tomate picado miudinho, salsinha, manjericão e tempere com sal, vinagre e pimenta-do-reino a gosto. Sirva a sopa e experimente colocar um pouquinho do vinagrete por cima. Chamo esse truque de engana regime, porque dá sabor a algo sem muita caloria.

7. SOPA DE ABÓBORA JAPONESA

Refogar:
4 xícaras de abóbora picada;
1 cebola pequena picada;

2 colheres de sopa de óleo;
1 tomate picado.

Deixar cozinhar em meio litro de água. Ir acrescentando água de acordo com a necessidade do cozimento.

Pode adicionar verduras picadas e deixar cozinhar já na hora de servir.

Total: 70 pontos (4 pratos que não somam nem 20 pontos)... Muito legal!

8. TORTA DE BATATAS

3 batatas cozidas e amassadas como um purê.

Fazer um refogado com:

1 xícara e meia de carne de soja (hidratar e escorrer toda a água) refogada com 1 cebola, 1 colher de óleo e temperos variados como sal, orégano, *curry*, gengibre, folha de louro.

Depois de refogar, acrescentar:

1 ou 2 tomates picados;
4 azeitonas verdes picadas;
1 xícara de salsinha picadinha.

Untar uma forma com uma colher de óleo.

Espalhar a batata por todo o fundo, colocar o recheio e cobrir com batata. Polvilhar com uma colher de sopa cheia de queijo ralado.

Levar para assar em forno médio por 30 minutos.

Total: 190 pontos (6 pedaços de 32 pontos cada).

9. TORTA DE LIQUIDIFICADOR

Opções de recheio light. Para ficar de fato muito leve, você precisa tirar todo o óleo e usar outras estratégias para salientar o sabor. Faça os testes com temperos.

Espinafre refogado;

Vinagrete com tomates, cebolas, salsinha e temperos, com vinagre mas sem óleo;

Refogado de tomates em rodelas, com cebola e temperos a gosto, com uma colher de óleo.

Bater no liquidificador:

3 ovos inteiros;
12 colheres de sopa de farinha de trigo;
½ xícara de óleo;
½ xícara de leite desnatado.

Por último, acrescentar 1 colher de sobremesa de fermento em pó; Untar uma forma com 1 colher de sopa de óleo.

Colocar a massa, adicionar o recheio e espalhar por cima o restante da massa; polvilhar com uma colher de sopa de queijo ralado.

Levar para assar durante 45 minutos em forno médio.

Total: 375 pontos (6 fatias de 62 pontos).

Lembre-se de somar o valor de pontos do recheio, por isso atenção aos ingredientes.

10. TORTA DE ARROZ

Esta torta fica muito leve, gosto muito de rechear com espinafre.
Fazer um recheio de verduras, tomates, etc., sempre lembrando de usar pouco óleo e muita criatividade no tempero.
Escarola refogada, ou espinafre refogado.
Tomate, cebola refogado em uma colher de sopa de óleo.

Bater no liquidificador:
12 colheres de sopa de arroz cozido;
3 colheres de sopa de farinha de trigo;
3 colheres de óleo;
½ xícara de leite desnatado;
3 ovos inteiros;
1 colher de sobremesa de fermento em pó;
1 colher de sopa de óleo para untar a assadeira;
1 colher de sopa de farinha para enfarinhar;
1 colher de sopa de queijo ralado para polvilhar.
Levar para assar por 45 minutos em forno médio.
Total: 350 pontos (6 fatias de 59 pontos)

11. BERINJELA AO FORNO

Quatro berinjelas cortadas ao meio no sentido do comprimento fervidas, para retirar o miolo e reservar para misturar com:

2 castanhas-do-pará picadas;
2 ameixas pretas secas ou 2 colheres de sopa de uvas-passas;
1 cebola refogada em 1 colher de sopa de óleo;
1 colher de sopa de queijo parmesão;
1 fatia de pão de forma *light* esfarelado.

Acrescentar salsinha, orégano, pimenta-do-reino e, se você gostar, *curry* e sal a gosto. Colocar nas berinjelas e levar para assar por 20 minutos em forno médio.
Total: 200 pontos (cada berinjela = 50 pontos).

12. QUICHE DE LEGUMES (TORTA ABERTA)
Para o recheio, refogar em 1 colher de óleo:
1 cebola picada;
1 batata picada;
1 cenoura picada;
1 tomate picado.
Deixar cozinhar com um pouco de água. Temperar com *curry*, salsinha picadinha e, por último, acrescentar um iogurte desnatado.
Massa (misturar em uma tigela):
2 xícaras de farinha de trigo – pode ser metade integral (equivalente a dez colheres);
3 colheres de sopa de óleo;
½ copo de leite morno;
Sal a gosto;
1 colher de fermento em pó.
Total: 280 pontos (dividir em 6 pedaços)

13. COZIDO DE LEGUMES
Colocar em uma forma redonda ou frigideira grande, e cozinhar com tampa em fogo baixo, na boca do fogão. Se o seu fogão tiver o fogo muito forte, coloque uma chapinha para não queimar o fundo.
Cortar em fatias e montar em camadas:
1 cebola;
1 berinjela (média);
1 abobrinha;
1 batata.
Intercalar com tomates cortados em fatias, salsinha picada, orégano, pimenta-do-reino e demais temperos a gosto. Regar com duas colheres de óleo e polvilhar com uma colher de queijo ralado.
Tempo de cozimento: 30 minutos.
Total: 130 pontos (serve 4 porções ou mais).

14. Quibe de abóbora

Para você fazer uma versão light *desta receita, será preciso sacrificar o maravilhoso gosto do azeite. Aliás, esse tem sido um grande desafio nas receitas mais leves. Nesse caso é preciso tirar todo o óleo possível, mas nem sempre fica muito gostoso. Então, além de ser* light, *de pensar* light, *precisamos investir muito na criatividade. E haja talento!*

Fazer a massa do quibe usando dez colheres de sopa de trigo para quibe hidratado.

Refogar uma cebola em uma colher de sopa de óleo. Acrescentar quatro xícaras de abobora e deixar cozinhar até amolecer bem. Temperar com sal, pimenta-do-reino e demais temperos; juntar com o trigo. Forrar uma forma untada com óleo e farinha de trigo, rechear e delicadamente cobrir com o restante da massa.

Recheio:
1 fatia grossa de ricota esfarelada;
2 tomates cortados em rodelas;
1 cebola cortada em rodelas finas.

Salsinha, hortelã fresco e demais temperos a gosto. (Se você tiver em casa, acrescente *zatar*, que é um tempero árabe que tem um sabor incrível.)

Levar para assar em forno médio por 50 minutos a uma hora.

Total 260 pontos (serve 6 porções de 43 pontos cada).

16

Doces Diferentes e Festa das Bruxas!

Adoçar a vida para que tudo fique mais fácil é um poderoso feitiço para a felicidade, mas só funciona se a alegria vier limpa do seu coração.

Sempre busquei segurança, primeiro na família, com meus pais, depois no casamento, nos relacionamentos, mas demorei muito tempo para perceber que se não buscasse em mim mesma nada daria certo. E mesmo lendo, estudando mensagens espirituais lindas, viajando à Índia tantas vezes foi difícil entender que tudo começa dentro de cada um de nós. Compreendia isso na teoria, no sentido racional, mas não conseguia praticar. Colocava muita expectativa nas pessoas, naquilo que queria receber do outro, e virei refém do amor, da aceitação daqueles que estavam à minha volta.

Na verdade, acho que muita gente é assim, pois a convivência na sociedade também exige que ora comandemos o fluxo da vida, ora sejamos comandados. Tudo com equilíbrio e sabedoria, mas quem é e vive no equilíbrio? Quem realmente pratica tudo aquilo que sabe ser verdadeiro e importante?

A maioria das pessoas sabe tantas coisas importantes, alguns fazem discursos lindos, mas poucos praticam aquilo que pregam.

No meu caso sempre acreditei em grupos, em pessoas que deveriam se reunir para fazer o bem, sempre quis trabalhar com amigos, compartilhar. E foi pensando assim que me associei a pessoas próximas em quem confiava, mas é claro que nenhum relacionamento aqui na Terra é perfeito, nem livre de carma. Em todas as nossas histórias sempre vamos nos deparar com resgates, e foi dessa forma que minha sociedade acabou depois de apenas um ano e meio trabalhando em uma nova casa, que alugamos juntas. Uma casa linda de três andares, com um jardim no fundo.

Foi muito duro entender e aceitar que aquele tempo chegava ao fim. Nunca pensei em trabalhar sozinha, nem ambicionei ganhar dinheiro e cuidar de tudo. Acredito e continuo acreditando em grupos, porém na época achava que era correto fazer pelos outros, trabalhar pelos outros e resolver por todos. Não percebi que as pessoas se magoavam com minhas iniciativas, achava que como pensava em todos e que minha gerência era generosa, todos estavam felizes, mas estava errada.

Não foi fácil olhar para o fracasso das minhas relações, porque sempre achei que sendo generosa arrumava tudo. E não arrumei.

Aquele equilíbrio efêmero desmoronou e fiquei seis meses sem saber para onde ir, o que fazer, sem me dar o direito de ficar com raiva de ninguém, nem de mim mesma, porque entendia perfeitamente que era o fim de um ciclo e, quando esses momentos chegam, não existem culpados. Há uma interação entre pessoas e também escolhas em agir melhor ou pior, mas por que procurar culpados quando sabemos que algo deve terminar?

Mas não vou negar que fiquei muito triste, que chorei e fiquei com muito medo do destino.

Acho que essa história de discutir a relação não funciona, nem nunca vai funcionar, porque quando discutimos alguma coisa com alguém, normalmente é porque não há compreensão. Percebi que, quando a gente precisa explicar muita coisa para alguém íntimo, na verdade essa pessoa não é íntima, tampouco deveríamos perder tempo e energia tentando convencer alguém a nos ajudar ou nos respeitar. Pois, se isso não acontecer naturalmente, não acontecerá também em uma relação forjada por conversas, acertos, combinados e concessões.

Em outros tempos com certeza me culparia e tentaria extrair de dentro de mim a reposta para a pergunta de onde havia errado. Mas nesse momento da minha caminhada já estava tão sintonizada com os mestres, que entendi que estava acontecendo uma libertação, que minha energia precisava de espaço, e que elas precisavam viver a vida delas, do jeito delas, e que não cabia ressentimentos, mas é claro que sabia que também aconteceram erros de todas as partes.

Na ocasião, recebi uma canalização dizendo que construiria uma casa de oração em um terreno virgem. Acho que por conta de tantos contratempos e emoções, nem me dei conta de ter medo dessa profecia ser difícil de se concretizar.

Como que por milagre não pensei nas dificuldades, apesar de serem muitas. Imagine encontrar um terreno virgem no bairro das Perdizes em São Paulo? Como encontrar um terreno virgem nessa grande metrópole apinhada de prédios, e além disso ter dinheiro para comprar? Um verdadeiro milagre.

Foram meses de muita angústia. Muitas vezes me perguntei porque passar por tudo aquilo, por que sofrer tanto. Será que merecia tanto sofrimento, tanta insegurança?

Não percebi que o cenário externo que a vida me mostrava estava dentro de mim também. Não percebi que procurava um lugar que ainda não havia encontrado no coração. E foi na véspera de Natal que indo comprar presentes para as crianças da minha empregada, parei em frente da casa que se tornou a sede de *Alpha Lux*.

Jamais teria notado aquela simpática casinha na Rua Cotoxó, se não precisasse comprar esses presentes de última hora. E aí, a sequência de milagres aconteceu. Paramos o carro em uma vaga tranquila e uma faxineira limpava a casa que pôde ser visitada por nós.

Imediatamente eu e minha filha Heloiza ficamos encantadas com o salão da frente, com o teto alto mostrando lindas tesouras de madeira bem tratada, e as surpresas não pararam ali, a casa era perfeita para minhas necessidades e, ainda por cima, no fundo havia um lindo terreno virgem, cheio de mato onde reinavam soberanas duas árvores frutíferas que todo ano ficam carregadas de suculentas mexericas!

O drama divino me trouxe para uma casa que me acomodou durante um ano e meio na parte de cima, onde fiz uma pequena adaptação, enquanto a parte nova era construída. Pude ficar ali sem pagar aluguel e esperar o término da construção, fazendo atendimentos e me restabelecendo do susto daquela separação.

No meio de todas aquelas situações inesperadas eu estava crescendo, aprendendo com os erros e descobrindo minha força, inclusive no que diz respeito à administração financeira, que nunca foi do meu interesse.

Acho que por conta de muitas vidas como sacerdotisa não queria lidar com dinheiro e outras questões materiais. Mas não podemos fugir do aprendizado, e este era mais um desafio para enfrentar.

Ficamos muito entusiasmados com o projeto, meu marido que sempre gostou de arquitetura teve a oportunidade de soltar as próprias ideias e palpites junto com o arquiteto, que foi muito criativo e atencioso fazendo um lugar belo e simples ao mesmo tempo.

Foi um momento mágico na nossa vida, com muitas bênçãos, e nem notamos que abrimos mão de investir na compra de um novo apartamento ou na reforma do nosso, que já estava precisando de reparos para servir melhor às necessidades de uma criança.

A escolha de comprar um imóvel e estabelecer meu trabalho com os mestres foi tão natural, que somente depois de andar naquele ambiente de arquitetura moderna e iluminada, começamos a desejar morar em um lugar mais bonito e confortável. Isso sem falar na forma mágica com a qual conseguimos juntar o dinheiro necessário para comprar a casa.

Milagres existem, disso tenho certeza. E como dizem os mestres, não precisamos ser perfeitos para sermos amados. Eles nos amam, nos ajudam e nos ensinam mesmo que sejamos imperfeitos, o que é um alívio.

Quando olho para a reforma, a casa que erguemos naquele terreno e nossas economias, tenho que acreditar em milagres. Pois, apesar de ser insegura e de tentar ficar bem com as pessoas à minha volta, tentar resgatar aquilo que considerava meus carmas de forma dedicada, jamais me veria sendo dona de uma casa e de um trabalho auspicioso. Foi preciso que esse rompimento me oferecesse o impulso necessário para mudar.

Sempre me dediquei a fazer o meu melhor e é claro que foquei em resultados, queria ser bem-sucedida em meus projetos, mas ganhei algo maior que a minha imaginação. Recebi coisas diferentes do que projetei e tive de aprender a lidar com as incertezas e frustrações, o que hoje acho que foi ótimo.

Vejo pessoas totalmente aprisionadas às suas criações sem conseguir progredir e mudar porque estão apegadas ao seu mundo. Percebo que experimentar a prosperidade do universo exige desprendimento. E também uma força interior para não ficarmos perdendo tempo e energia nos comparando uns com os outros.

Os mestres me ensinaram que somente podemos ter e desejar ter aquilo que é nosso por direito divino. De nada adianta olhar para a vida dos outros e querer aquilo que os outros possuem, porque cada um tem necessidades diferentes e soluções diferentes.

Por que será que um dia imaginamos que a vida dos outros é mais fácil ou mais feliz que a nossa?

Por que pensamos isso?

Por que não respeitamos as nossas diferenças como algo bom e deixamos de viver nos comparando com os outros?

Precisei me separar das pessoas para valorizar meu caminho, minhas crenças. Precisava aceitar minha individualidade para crescer.

Foi muito difícil lidar também com aquilo que julguei ser um fracasso. É engraçado como nos envolvemos nas situações cármicas e temporariamente acreditamos que aquilo é nossa vida, nossos limites e que somos impotentes em mudar.

Graças a Deus, depois de um tempo sofrendo sempre conseguimos ver uma luz no fim do túnel, mas enquanto isso não acontece precisamos procurar curas. Nessa época fui muito cuidada espiritualmente e surgiram convites para trabalhar e atender pessoas em outras cidades e estados. Conheci pessoas lindas que me trataram com muito carinho, como se eu fosse da família. Às vezes chorava sozinha, depois aquele sentimento passava e o momento presente me chamava, ia então cuidar dos cursos, conversar com minhas novas amigas, ouvir histórias e tudo continuava.

Aliás, descobri que o tempo não estaciona para a gente sofrer.

Minha filhinha Paola estava crescendo, desde cedo independente e moderna, como ela se autointitulava... Eu, que queria vesti-la com lacinhos e frufrus, tinha de respeitar seu jeito de ser mais simples, sem tantos enfeites. Ela era assim.

Muitas vezes olhei para aquela criança pensando quem ela foi em minhas vidas passadas, e apesar da vidência deixava as coisas entre nós fluírem naturalmente sem usar esses recursos. Para que tentar entender tudo e viver controlando o destino?

Descobri que é muito importante a gente deixar a vida fluir, e Paola com seu jeito tranquilo e ao mesmo tempo determinado me ensinou muita coisa. Lembro que quando estava grávida e soube que era uma menina fiquei muito feliz, e nos meses que seguiram pensamos em lindos nomes para o bebê, quando uma noite recebi uma mensagem que ela queria se chamar Paola em honra ao Mestre Paolo Veronezi, que era seu professor no plano sutil.

Fiquei muito feliz pensando na alma artística da minha filha, e na honra de receber um ser que estudava com um Mestre da Fraternidade Branca Mentor da Chama Rosa do Amor. Corri a folhear meu livro *Os Sete Mestres**, em busca de compreender um pouco mais sobre quem era minha filha.

Ao longo dos anos Paola cresceu linda, saudável e ao mesmo tempo muito voluntariosa, claro que ela foi mimada, mas nada em excesso, porém ficava claro que ela tinha muita personalidade e que exigiria de mim uma forma muito cuidadosa para orientá-la. Paola nasceu em um tempo em que as pessoas não aceitam simplesmente as regras. Parece que as crianças da sua geração vêm questionando tudo, mas não por rebeldia, e sim para fazer melhor ou diferente. Todas vêm plugadas, conectadas na Internet e na modernidade, acessando vídeos, jogos, músicas, participando de redes sociais e não sei o que mais. Falando inglês,

---

*. N.E.: Obra publicada pela Madras Editora.

ouvindo e cantando músicas e entendendo de tudo, o que para a minha geração exige o maior esforço.

Com a Paola recebi a modernidade em minha casa. Uma nova energia na minha vida que também não me deixou afundar em sofrimentos por conta das decepções que sempre me abalaram. Com uma criança em casa, e com tanto trabalho, viagens, etc., não fiquei sofrendo.

Quando aconteceu o rompimento com minhas colegas, em momentos de tristeza imaginava coisas tristes, porém no meio de toda aquela confusão, Heloiza, minha filha mais velha, também me deu muita força. Com seu jeito forte, decidido, muitas vezes ela me fez ver que sempre cuidei de tudo e que não precisava me apoiar em ninguém.

Ela estava crescendo, ficando moça, assumindo seu lugar no mundo. Continuava impulsiva, determinada, mas começava a abrir espaço para manifestar sua mediunidade. Não sem sofrimento, porque qualquer manifestação mediúnica exige muita coragem e determinação para se equilibrar. E Heloiza não era uma exceção à regra e teve alguns episódios de síndrome do pânico, o que também foi bem difícil, mas ao mesmo tempo nos aproximou no caminho de cura.

Ela tinha sonhos complicados, às vezes passava mal do estômago, acordava no meio da noite e consequentemente tinha um dia complicado e de mau humor. Porém, ela já compreendia que teria de mudar algumas coisas e que isso fazia parte do seu destino, mas, no meio de tantos aprendizados, ela foi vencendo uma série de dificuldades que tinha comigo e nunca deixou de manifestar seu amor e respeito à espiritualidade e a mim.

Claro que via muitas coisas que ela teria de melhorar, porque é muito fácil a gente ver as imperfeições das pessoas, principalmente dos nossos familiares. Mas nunca deixei de ver que minha filha estava amadurecendo e mudando, deixando de ser a rebelde sem causa da adolescência e se tornando uma mulher.

Como já tinha passado por muitos desafios para me equilibrar na vida e na mediunidade, sabia que ela teria de vencer além dos aprendizados naturais da idade, desafios relativos à própria espiritualidade, mas que depois desse processo de autoiniciação tudo seria diferente.

Esse foi um período muito rico na convivência entre mulheres da família, bem como das minhas empregadas Gil, Lil, Maria, Geangela, pessoas queridas que passaram pela minha casa, moças que chegaram sem saber cozinhar e aprenderam muitos pratos e truques culinários comigo. Mas não poderia deixar de agradecer e citar a grande ajuda da Ana Maria, minha sogra, que cuidou e ainda cuida muito da Paola e também da Helô.

Enquanto um futuro mais calmo e feliz não chegava para Heloiza, tivemos que dar as mãos e nos apoiar como duas mulheres e ao mesmo tempo como mãe e filha; foi um período de resgate do feminino que também ressoou no convívio pessoal.

Nessa época mergulhei em pesquisas sobre o sagrado feminino, Wicca, sobre as festas de celebração aos ciclos da Terra que são conhecidas como *sabbats*. E foi muito interessante perceber o quanto tudo aquilo soava natural para nós, pois essas lembranças foram chegando para mim e Helô, e nessa época fizemos muitos rituais de limpeza, prosperidade e amor. Conversamos com as deusas e ativamos nossos oráculos. Lemos o Tarô e montamos grupos de estudos focados na energia feminina que fazem parte da nossa vida até hoje.

Memórias de vidas passadas como sacerdotisa vieram à tona, assim sabia sem ninguém ensinar como realizar um ritual, como consagrar a energia, e muito mais.

Lembrei de celebrar os equinócios e solstícios e percebi o profundo sentido que tudo isso fazia com as mensagens que recebia. Foram muitos encontros, regados a leves sangrias a base de sucos, caldos com a energia dos ciganos, tortas salgadas e doces leves.

Até na comida a miscigenação de culturas tomava conta da minha cozinha. Eram tantas celebrações e rituais que foi difícil manter a comida *light*. Mas nesse período a palavra *light* tinha de rimar com todos os outros movimentos da vida e também se adaptar.

Não queria mais mergulhar tão profundamente nas questões emocionais, pois tinha a convicção de que se não mergulhasse, se ficasse mais na superfície, mais leve enfrentaria melhor os inevitáveis aprendizados. Você já deve ter sentido esse impulso de dar um passinho atrás, atitude que exige sabedoria e desprendimento. Perceber que não conduzimos a vida, que vez por outra temos de nos deixar conduzir e olhar as coisas com menos paixão, isso nos faz muito bem.

Viajar nessa época foi muito bom, porque saía da minha rotina e por alguns dias passava a conviver com pessoas e lugares bem diferentes. Era meio cansativo, mas um refresco para a alma.

Então, comecei uma amizade muito bacana com a Barbara Machado, terapeuta carioca, moradora em Florianópolis (SC), que fundou e mantém há anos o espaço Atman Amara, onde fui recebida com muito carinho várias vezes para fazer atendimentos e cursos.

Barbara com certeza foi uma irmã que reencontrei. Sabe aquelas pessoas a quem não precisamos explicar nada? Alguém que compreende você sem precisar conviver?

Pois bem, com ela experimento esse tipo de parceria.

As receitas que compartilho com você são todas cheias de sabor e de histórias de amigas que cruzaram o meu caminho. É uma delícia fazer cada uma dessas iguarias, porque é como voltar no tempo e curtir mais uma vez o aconchego do carinho dessas pessoas que me ajudaram expandir meus horizontes!

Aula Prática de Magia
"A Roda da Vida e os Oito Sabbats Principais"

A religião da deusa, a Wicca, celebra oito datas importantes que estão sintonizadas com as estações do ano. Quando estudamos os fundamentos da Wicca, precisamos lembrar que estamos no Hemisfério Sul e que, portanto, para o Brasil as datas da chegada das estações são exatamente opostas ao o que acontece no Hemisfério Norte.

Pessoalmente, acho que devemos entrar em sintonia com o que acontece à nossa volta. Ainda que os rituais possam ser trazidos de uma cultura muito antiga e respeitada, não há como negar o fluxo da natureza reinante atual. Assim, sugiro comemorar os rituais Wiccanos nas nossas datas.

Sabbats no Hemisfério Norte

Na Wicca a Deusa é a Terra, enquanto o Deus é o Sol. Seus encontros e desencontros são narrados na Roda da Vida.

Em Samhain, que acontece no tempo frio, no pico do outono em 31 de outubro, a deusa assume a forma de uma velha sábia, enquanto o deus é o deus da morte, já que o Sol começa a perder sua força.

Em Yule, que acontece no Hemisfério Norte por volta do dia 21 de dezembro, portanto a data do **solstício de inverno**, o deus é a criança sagrada e a deusa é a mãe.

Em Imbolc, 2 de fevereiro, o deus como criança já começou a se desenvolver e os dias já são mais longos, o que significa o retorno da vida e o anúncio da chegada da primavera. A deusa cuida do seu bebê e se recupera do nascimento, os campos tornam-se verdes.

Em Ostara, 21 de março, **equinócio de primavera,** a deusa renascida de si mesma agora é virgem e cheia de vida, enquanto o deus é um jovem robusto.

Em Beltane, 1º de maio, os amantes se encontram. A deusa e o deus se entregam ao ato de amor que sustenta a vida.

Em Litha, 21 de junho, quando é celebrado o **solstício de verão,** a força e o poder do Sol exaltam a alegria de viver e a vitalidade. A deusa está com a semente da vida em seu ventre.

Em Lammas, 1º de agosto, conhecido como o sacrifício do pai, é comemorada a colheita dos frutos do verão quando o deus (Sol) assume a postura de um velho que se retira, enquanto a deusa mãe é agora a anciã.

Em Mabon, 22 de setembro, mais uma vez acontece o equilíbrio entre a noite e o dia no **equinócio de outono**, quando o deus (Sol) se torna o ancião e a terra se resguarda para que tudo recomece.

CELEBRANDO SABBATS NO HEMISFÉRIO SUL

21 OU 22 DE DEZEMBRO – SOLSTÍCIO DE VERÃO – LITHA

Como podemos imaginar, é a chegada do calor, do fogo, da paixão. No Brasil estamos nos preparando para ir à praia, para bronzear nossos corpos. O Sol, o astro-rei, levanta a vida, traz alegria e disposição.

Na Europa, os povos antigos colhiam ervas sagradas e faziam talismãs que seriam usados durante todo o ano até a chegada do próximo verão, quando esses amuletos eram queimados em uma fogueira. A cor deste ritual é o laranja, justamente para nos reportar ao calor e à energia dessa estação.

No mês de dezembro com certeza estaremos todos reunidos com nossos familiares comemorando o Natal e a passagem do ano, mas por que não associar a presença da deusa? Você pode, no dia da chegada do verão, fazer um ritual muito simples que apenas reforce o seu contato com a deusa. Que tal um banho?

BANHO PARA LITHA

Prepare um banho de ervas, de preferência ao basílico (manjericão), à arruda e ao mel. Este banho trará uma energia positiva e luminosa para os seus caminhos. Aproveite e repita este banho por sete dias seguidos...

2 DE FEVEREIRO – LAMMAS – PRIMEIRA COLHEITA

Depois dos tempos de primavera e verão é chegada a hora da primeira colheita. Nessa data os antigos preparavam pães que eram oferecidos aos duendes e fadas, com pedidos de abundância. O pão ficou conhecido como "Pão de Lammas".

Entre na sintonia e nesse dia faça você mesma um pão de ervas, pedindo saúde, alegrias e prosperidade para sua vida.

Como Lammas acontece no alto verão no Brasil, uma época de muita chuva, faça como os antigos celtas: colete um pouco de água da chuva e prepare um *spray* para fertilidade e abundância, que você poderá usar para espalhar pelo ar a boa fortuna da água que nutre nossas esperanças de tempos melhores.

Spray para Lammas

Em um borrifador de plantas coloque quatro dedos de álcool, dissolva em seguida uma pedrinha de cânfora e complete o recipiente adicionando água lentamente. Vá, então, cômodo por cômodo, borrifando e retirando a sujeira do astral.

21 de março – Equinócio de outono – Mabon

O outono é a época consagrada à avaliação daquilo que colhemos em nossas vidas. O outono é o tempo dos frutos e da comunhão com a terra. E se hoje não mais plantamos sementes no solo, ainda plantamos na nossa vida as sementes das nossas ideias e dos nossos planos. Vamos então fazer uma avaliação honesta dos nossos planos?

Em uma mesa em tons de outono, a saber, predominando marrons, verdes e alaranjados, ofereça um *curry* de grão-de-bico. Este é um prato de sabor forte que poderá ser acompanhado de arroz branco ou pão tipo árabe, que você poderá partilhar com seus amigos aproveitando o encontro para repensar seus caminhos e planos.

Acenda uma vela verde da esperança e uma marron, despedindo-se do passado.

1º de maio – Samhain – O ano-novo das Bruxas

No tempo frio, quando o Sol começa a se esconder, acontece Samhain, pico do outono. No Hemisfério Norte, a festa está em sintonia com o Dia dos Mortos. Para os celtas é também o dia do início de uma nova vida. Com o passar dos anos, tradições antigas foram sendo popularizadas e amplamente divulgadas como as festas de Halloween, que trouxeram as cabeças de abóboras. Nos tempos antigos muitas abóboras eram colhidas na ocasião, e diz a lenda que pessoas que precisavam circular à noite faziam máscaras para afastar os maus espíritos. Brincadeiras ou crendices, muitas pessoas gostam dos encantos dessa celebração. Samhain celebra a entrada de um novo ciclo, portanto, é um momento de profunda reflexão. Pense nas coisas que deseja para um próximo ciclo em sua vida e faça o seu ritual. Use velas cor de laranja, uma toalha branca, taças de cristal e até, se você desejar, um bom vinho para comemorar. Ofereça um quibe de abóboras e encante seus convidados.

21 DE JUNHO – YULE – SOLSTÍCIO DE INVERNO

Na tradição da Wicca, o solstício de inverno, também conhecido como Yule, comemora exatamente o nascimento da "Sagrada Criança", símbolo associado por volta do terceiro século ao Cristianismo, quando a Igreja Católica tentava atrair mais simpatizantes à religião. Devemos lembrar que o inverno acontece no mês de dezembro no Hemisfério Norte, exatamente o contrário de nós aqui do Hemisfério Sul.

Nos ritos pagãos dos quais a Wicca faz parte, o homem cultuava a terra e os ciclos de nascimento e morte. Na festa de Yule, que também é conhecida como a festa da chegada da Luz, os wiccanos comemoram as forças internas que renascem em nós, portanto, é um tempo de família, de contar histórias e de união...

Para a comemoração, prepare um maravilhoso bolo de frutas (p. 54). Coloque uma toalha vermelha, pratos brancos e acenda velas verdes simbolizando a esperança para os novos tempos. Se for possível, espalhe na mesa ramos de pinheiro, que simbolizam o renascimento.

1º DE AGOSTO – IMBOLC OU CANDLEMAS – QUANDO A LUZ RETORNA

Nessa data é comemorado o *sabbat* de Imbolc ou Candlemas, consagrado à deusa Brigit, que na cultura celta é a deusa da inspiração, intuição, também conhecida como Senhora da Lareira. Nesse ritual os povos antigos agradeciam à deusa por manter durante o inverno suas casas aquecidas. Eram acesas velas à deusa com pedidos de novas oportunidades. Você vai observar que na Wicca muitos são os rituais de renovação. Entre nessa sintonia e pense naquilo que você deseja renovar em sua vida. As cores deste ritual são vermelho, laranja e branco. Use velas dessas cores e faça uma torta de maçã, que é uma das frutas sagradas da bruxaria. Você já cortou uma maçã exatamente no meio (ao contrário do que costumamos cortar)? Experimente, vai aparecer uma estrela de cinco pontas, que também é um símbolo da magia Wicca.

21 DE SETEMBRO – EQUINÓCIO DE PRIMAVERA – OSTARA

Na Europa, a mudança das estações era festejada com grandes festas pelos povos pagãos, que tinham seus rituais hoje renascidos na Wicca. A primavera, conhecida como "Ostara", era o dia do despertar da terra, quando as plantas voltavam a ganhar vida depois do tenebroso tempo de inverno. Nessa época a deusa é tida como a virgem e não mais como a mãe nutridora que cuidava da sua semente no inverno. Papel desempenhado por Deméter, também conhecida por Ceres entre os gregos, que perde sua filha Perséfone quando esta segue seus próprios caminhos, sendo raptada por Hades, o deus das profundezas. Pergunto: quem não deseja seguir seus próprios caminhos e ousar, como fez Perséfone?

Vamos arriscar? É tempo de plantar nossas sementes e desejar que venham os bons frutos em nossas vidas. É tempo de expandir nossos horizontes. Que tal, então, fazer um almoço no campo? Um piquenique com os amigos?

Prepare pratos frios, como sanduíches e tortas salgadas.

31 DE OUTUBRO – BELTANE – QUANDO OS AMANTES SE ENCONTRAM

Na Europa, era quando o Sol seguia seu curso luminoso e esse ritual de fertilidade tinha espaço em todos os lugares. Fogueiras eram acesas e com muita alegria os aldeões comemoravam o calor, a vida que estava plena. Rebanhos presos no inverno eram soltos para pastar livremente.

Há nesse *sabbat* uma forte conotação sexual. Como ele acontece no Hemisfério Norte no mês de maio, ficou conhecido como o mês das noivas, já que em rituais pagãos jovens eram oferecidas para consagração da terra, em cultos realizados em volta da fogueira.

Cinzas eram guardadas e usadas para purificar as casas.

A cor verde predomina, assim como a intenção do amor. Por isso, prepare-se para um encontro amoroso especial. Limpe sua casa, queime insenso de rosas, acenda velas nas cores rosa e verde e prepare uma ceia especialmente para o casal. O que importa é a intenção. Já que não é tão fácil fazer uma fogueira, não esqueça de manter suas velas accsas.

Doces diferentes

Fazer um doce é sempre uma alquimia. Juntamos os ingredientes e preparamos a mistura para encantar quem come e trazer felicidade. Quantas guerras aconteceram por causa da fome?
Adoçar a vida faz bem, mas não apenas na comida. Vamos adoçar os pensamentos, tentar nos libertar da tristeza, mágoas e de outros sentimentos negativos que carregamos, dando espaço ao novo.

1. Barrinha de cereais

Esta receita quem ensinou foi a Elza, psicóloga e estudiosa da Fraternidade Branca, querida amiga de Piracicaba, mãe e avó dedicada à família e aos amigos. Sempre trazia novidades para nossos cursos. Um beijo, Elza!

1 xícara de chá de farinha de trigo;
1 xícara de chá de farinha de aveia;
1 xícara de chá de castanha-do-pará;
1 xícara de chá de nozes;
1 xícara de chá de figo seco ou banana-passa;
1 xícara de chá de damasco;
1 xícara de chá de uva-passa preta sem semente;
1 xícara de chá de uva-passa clara sem semente;
1 xícara de chá de farinha de linhaça dourada;
1 xícara de chá de aveia em flocos (lâminas);
1 xícara de chá de açúcar (cristal orgânico);
1 xícara de chá de mel;
1 colher (rasa) de chá de fermento em pó;
1 colher (rasa) de chá de bicarbonato de sódio;
2 colheres de chá de essência de baunilha;
150 gramas de manteiga com sal.

Modo de fazer:

Triturar em separado (grosseiramente) as nozes, a castanha, o damasco e o figo. Misturar esses ingredientes com a aveia, a farinha de linhaça dourada, a uva-passa, o açúcar, a farinha de trigo e a farinha de aveia; adicionar o fermento, a baunilha e o bicarbonato de sódio (misturar bem até ficar homogêneo); adicionar o mel e misturar bem. Por último, colocar a manteiga em pequenos pedaços e ir misturando com uma colher de pau até que ela se integre completamente aos demais ingredientes. Amassar bem até ficar compacta; colocar em uma assadeira (tamanho 25 X 35 cm aproximadamente) e apertar até que fique bem compacta. Colocar na geladeira para descansar por aproximadamente uma hora. Antes de levar ao forno, cortar as barrinhas com uma espátula.

Modo de assar:
Preaqueça o forno em 180 graus. Leve ao forno por aproximadamente 20 minutos. Retire do forno e passe novamente a espátula onde foi feito o corte das barrinhas. Retire do forno e deixe esfriar completamente antes de retirar as barrinhas da assadeira. Embrulhe individualmente em papel apropriado.

2. BROWNIE ROMERO

Receita da amiga, psicóloga e terapeuta carioca Rose Lane Romero. Ela costuma oferecer essa tentação aos seus clientes em sua clínica em Copacabana. Será que ainda alguém tem problemas depois de comer essa gostosura?

6 ovos;
200 gramas de manteiga líquida;
½ quilo de açúcar;
3 e ½ xícaras de farinha de trigo;
400 gramas de achocolatado em pó;
1 colher de café de baunilha;
1 pitada de noz-moscada.

Bater vigorosamente todos os ingredientes exatamente na ordem disposta até deixar a massa homogênea. Untar um tabuleiro grande e assar no forno preaquecido por 25/30 minutos. O cheirinho maravilhoso de "delícia" denuncia que está pronto.

Cortar em quadrados sem a borda. Corte em pequenos quadradinhos as tiras das bordas, coloque em um vidro lindo com tampa decorada e presenteie os amigos com um delicioso chá. É êxtase na certa!

3. BOLO DE LIMÃO

Surpreendente e deliciosa esta receita da minha irmã Beatriz.

Bater no liquidificador:
1 iogurte;
4 ovos;
1 xícara de óleo;

1 pacote de gelatina de limão;
Misturar com um pacote de bolo de laranja
Levar para assar em forno médio por aproximadamente 40 minutos.
Para a cobertura, misturar:
1 lata de leite condensado;
raspas de 1 limão
suco de 1 limão
Fazer uns furinhos no bolo, para penetrar a cobertura, e passar com uma espátula.

4. Bolo de mandioca (aipim)

Receita da família da querida Elza, psicóloga e praticante dos ensinamentos da Fraternidade Branca e da magia do amor; vive em Piracicaba.

4 xícaras de chá de mandioca ralada;
4 xícaras de chá de coco-ralado;
3 xícaras de açúcar (de preferência, cristal orgânico) bem cheias;
2 colheres de sopa de manteiga;
1 xícara de chá de leite;
1 colher de chá de fermento em pó;
4 ovos.
Bater as claras, em seguida as gemas, misturar bem, juntar o coco, a mandioca e por último o fermento. Misturar bem, despejar em forma untada, colocar em forno previamente aquecido e deixar até dourar.

5. Bolo de milho e goiabada

Beatriz, minha irmã, costuma oferecer aos seus alunos de yoga um bolo, como oferta de carinho. Veja esta receita que ela nos oferece, tenho certeza de que você vai gostar. Obrigada, Beatriz. Sua comida é ótima!

Bata no liquidificador:
1 lata de milho (escorrido);
3 ovos inteiros;
½ xícara de leite;
2 xícaras de açúcar.
Coloque o açúcar aos poucos. Bata bastante. Enquanto isso, na tigela peneire:
2 xícaras de farinha de trigo;
1 colher de fermento em pó.

Despeje o conteúdo do liquidificador na tigela e mexa, misture bem. Às vezes, precisa um pouco mais de farinha se os ovos forem grandes (com cuidado para não ficar seco!). Coloque metade da massa na forma untada e enfarinhada. Fatie pedaços finos de goiabada e passe delicadamente dos dois lados na farinha de trigo; vá espalhando sobre o bolo e coloque o restante da massa cobrindo a goiabada. Leve ao forno médio e asse.

Não abra o forno nos primeiros 20 minutos. Demora de 35 a 45 minutos, depende do forno, fique de olho.

6. Torta de coco

Carla Calabrez é uma amiga querida que durante anos tem feito a transcrição das mensagens canalizadas no Grupo de Meditação; além de dedicada ao trabalho dos mestres, ela é excelente cozinheira. Costuma preparar esta torta e oferecer ao Senhor Ganesha, pedindo abertura de caminho e prosperidade.

Massa:
2 xícaras de chá de farinha de trigo;
1 xícara de chá de amido de milho;
1 xícara de chá de margarina;
½ xícara de chá de leite;
1 ovo inteiro;
3 colheres de sopa de açúcar;
1 colher de sobremesa de fermento em pó.

Creme:
1 litro de leite;
4 colheres de sopa de açúcar;
4 colheres de sopa de amido de milho;
4 gemas;
Gotas de baunilha ou açúcar *vanille*.

Junte os ingredientes da massa e amasse bem até que fique homogênea. Abra com rolo e forre uma assadeira de fundo removível. Faça o creme, misturando todos os ingredientes, antes de levar ao fogo, e as gemas passadas na peneira. Coloque o creme no fogo mexendo sempre e, depois que ferver, cozinhe por cinco minutos. Coloque por cima da massa. Sobre o creme, coloque um coco fresco (pequeno) ralado, regado com meia lata de leite condensado. Leve ao forno para assar por 30 minutos ou até o coco ficar corado. Sirva gelada.

7. Doce de inverno

Este doce pode ser preparado de última hora, no momento em que seus convidados estão jantando. O perfume das frutas se espalhará por sua casa. Perfeito para servir quente no inverno, se desejar acompanhado de sorvete de creme. Ou frio, no verão. Tudo de bom.

Em uma assadeira coloque picados em fatias grossas:
2 pêssegos;
2 maçãs;
2 peras;
2 ameixas escuras;
2 nectarinas;
1 copo de vinho tinto;
1 copo de suco de laranja;
½ copo de açúcar;
1 colher de sopa de cravo;
1 talo de canela;
1 colher de chá de baunilha;
Casca de uma mexerica cortada em fatias.
Levar ao forno quente por 20 minutos.

8. Sangria sem álcool

Meu pai costumava fazer este ponche e servi-lo em taças de cristal. É uma das boas lembranças que trago da minha infância.

½ garrafa de suco de uvas (e a mesma medida de água);
Suco de 6 laranjas espremidas;
1 maçã picada bem miudinho;
½ litro de guaraná, ou soda limonada.
Servir com pedras de gelo.

9. Merengue de morango

Receita da amiga, psicóloga Beatriz de Paula Porto, de São José dos Campos, onde se dedica ao consultório e a grupos nos quais sempre compartilha, além de seus quitutes, um sorriso nos lábios e boas palavras.

2 caixas de morango;
2 frascos de creme de leite fresco para fazer o chantili (aproximadamente 200 gramas cada);
2 pacotes de suspiro (em tamanho grande);
3 colheres de açúcar (para calda do morango).

Lavar e cortar os morangos, colocar em uma vasilha, acrescentar o açúcar e deixar descansando para soltar a calda; se precisar, pode colocar um pouco de água fria.

Reservar alguns morangos inteiros para decoração.

Para o chantili, bater o creme de leite fresco em batedeira, seguindo as instruções do frasco.

Forma de montar:
Em um recipiente de vidro transparente (em uma taça grande fica lindo), colocar uma camada de suspiro em pedaços, forrando o fundo, em seguida acrescentar morangos com calda e por cima uma camada de chantili. Ir fazendo as camadas suspiro-morango com calda-chantily. Terminar com camada generosa de chantily e enfeitar com os morangos inteiros.

Obs.: se preferir, pode montar em taças individuais.
Levar para gelar e depois só servir.

10. Chá Atman Amara, por Barbara Rios

Florianópolis tem a felicidade de sediar um espaço muito especial onde acontecem diversos cursos e atividades voltadas ao autoconhecimento, espiritualidade e vida alternativa. Tudo cuidado com muito carinho e dedicação por parte da minha amiga Barbara, que todos os dias serve esse delicioso chá no local. Muita luz, amiga, e força nessa caminhada. Obrigada pelo carinho de sempre.

6 cravos-da-índia;
1 pedaço de canela em pau;
gengibre picado;

2 maçãs em fruta ou desidratadas;
1 laranja-pera em pedaços com casca;
1 tangerina em pedaços com casca;
1 anis-estrelado ou 3 galhos de hortelã ou menta em folha;
1 colher de sobremesa de chá-mate.

Modo de fazer:
Ferver durante 20 minutos todos os ingredientes sem as folhas em uma panela ou chaleira com dois litros de água. Apagar o fogo e colocar em infusão a hortelã, ou a menta, e o chá-mate por 15 minutos. Servir em canequinhas de cerâmica, quente ou gelado. Você pode congelá-lo por um mês em garrafas *pet* recicladas no seu *freezer*. As frutas frescas devem ser bem escovadas em água corrente antes de picá-las.

17

Comida Brasileira Vegetariana

Sabor não tem nada a ver com carne. Você pode fazer algo muito gostoso usando apenas ervas aromáticas e criatividade. Experimente.

Mais um Natal estava chegando, data que adoro por tudo o que significa: encontro, família, jantares, orações, trabalhos sociais que nessa época do ano sempre ganham muito destaque na minha vida. Adoro músicas de Natal, celebrar o nascimento de Jesus, preparar festas de distribuição de presentes para pessoas carentes, fazer almoços e servir comida aos necessitados, mas, dessa vez, muitos sentimentos se misturavam dentro de mim. Por um lado, estava feliz com minha filha Paola crescendo, aprendendo a escrever e desenhar, esperando o Papai Noel, curtindo montar nossa árvore e terminando os preparativos do Natal. A outra parte do meu coração se apertava com a doença da minha mãe.

Lembro do telefonema quando ela me contou de uns exames estranhos.

– Tenho certeza de que não tenho aquela doença – disse. Mas, poucos dias depois veio o diagnóstico positivo do câncer no seio e a cirurgia. Tudo muito rápido, deixando claro que mesmo que desejássemos com todas as forças, não poderíamos correr contra o tempo e retirar os vestígios do passado que causaram a dor e consequentemente a doença.

Tudo a respeito da doença foi muito difícil: diagnóstico, tratamento, internações. Somente quem enfrenta algo assim pode avaliar o sofrimento de uma morte anunciada. Muitas vezes chorei sozinha, para não sobrecarregar meus irmãos com minha dor. E percebi que eles também agiam assim. Cada um lidando como podia com aquela situação sem a expectativa de uma solução feliz, pois logo após a cirurgia os médicos fizeram um triste diagnóstico que falava de uma expectativa de vida bem curta.

Minha relação com minha mãe, que nunca foi muito harmoniosa, de repente ficou mais tranquila, e sem saber muito bem o porquê, simplesmente aceitei que finalmente estávamos encontrando mais amor no nosso convívio. A vida mostrou que na verdade éramos pessoas diferentes. Eu muito ligada ao espiritual, e minha mãe muito mais conectada com a vida prática. Hoje sei que não é porque nascemos em uma mesma família que todos se entendem. Aprendi que muitas vezes acontece justamente o contrário, que encarnamos juntos para aprender com as diferenças e desenvolver o amor.

* * *

A maturidade me trouxe muito alívio, deixei de esperar a compreensão total das pessoas. Concluí que me bastava ter uma boa convivência, aceitando os outros como eles são e também me aceitando como eu sou.

Nessa ocasião, Heloiza me deu uma das maiores provas de amadurecimento e amor, quando assumiu junto à minha mãe o papel de cuidadora amorosa e dedicada, levando muitas vezes minha mãe para fazer exames, internações e consultas, indo corajosamente comprar o sutiã especial pós-cirurgia de retirada do seio. Foi com a Helô que minha mãe se abriu um pouco, falando da vida com meu pai e outras histórias, enquanto raspava a cabeça depois da quimioterapia. Se fechar os olhos, posso ver minha filha ajeitando a peruca da avó e contando uma piada apenas para aliviar a tensão do momento.

Ela, que ainda era uma menina para os meus olhos, de repente se mostrou mulher, despojada de qualquer mimo da adolescência, abriu seu coração e compartilhou comigo e com meus irmãos a disposição de ajudar a aliviar o momento de dor.

Nessa maratona que foi a doença da minha mãe, recebemos muita ajuda, e quero expressar nossa gratidão a minha irmã Betriz e para nossas tias que estiveram o tempo todo presentes, nossas primas e primos que vieram nos visitar constantemente e dar apoio. Como Deus é muito bom, sempre que precisamos apareceram pessoas maravilhosas que ajudaram cuidar dela, da casa, ou simplesmente dormir no hospital quando necessário. Agradeço a todos.

Juntos vencemos um período de muito sofrimento, mas de grande resgate, sem brigas, sem desarmonia. Fomos resolvendo o que aparecia com amor, paciência, resignação.

Foram muitas orações e muito carinho que recebemos dos familiares e amigos encarnados e desencarnados, que ajudaram desmistificar a doença e a morte como algo terrível, irreparável. Claro que a dor de todo processo ainda reverbera, e nem sei se seria certo desejar esquecer totalmente, porque são lições importantes da vida que devemos carregar com amor. Claro que não foi fácil superar as impressões da doença ou da morte, mas a espiritualidade e a crença absoluta na continuidade da vida nos trouxe muito conforto.

* * *

Posso dizer que a dor nos aproximou, mas não por meio das palavras, aliás desde que minha mãe adoeceu, pouquíssimas vezes ela comentou o assunto, e mesmo nos períodos mais complicados ela se recusava a dar essa abertura. Isso nos deixava bastante aflitos, pois eu e meus irmãos queríamos ficar próximos, conversar, ajudar, fazer qualquer coisa que aliviasse a dor, mas ela não queria. Então, o que nos restava era conversar entre nós, tomar as soluções necessárias, chorar...

E, no meu caso, cozinhar!

Foi muito estranho ver minha mãe sempre tão altiva enfraquecer. Lutadora até o final, ela resistiu bravamente ao tratamento, apenas se deu o direito de cometer abusos na comida. O que também era estranho, mas o que dizer ou fazer com uma pessoa que está doente e de repente fica cheia de desejos por pratos especiais?

Da minha parte, assumi que faria tudo o que ela quisesse e aproveitaria cada minuto para fazer as pazes com nossa história. E a culinária estava me oferecendo o instrumento para fazer essa magia de amor. Assim, mergulhei em pesquisas sobre comidas típicas, como moquecas, ensopados, caruru, etc. Fui inspirada a aprender essas delícias em uma versão vegetariana, já que não uso carnes na minha cozinha, e foi um desafio feliz procurar dar sabor sem carne.

Nunca me senti muito compreendida pela minha mãe, que era uma boa pessoa mas muito exigente e racional. Então, se Deus estava oferecendo essa chance para nos aproximar, iria aproveitar ao máximo a oportunidade. Assim, os temperos não apenas envolveram minha cozinha com muitos cheiros e perfumes diferentes, como embalaram minha alma com a esperança de acertar na medida do amor. Mas não imaginava que além de agradar minha mãe, estava sendo conduzida em uma missão muito especial que me levaria no ano seguinte a cozinhar na Índia, terra sagrada dos deuses e das deusas que preencheram minha mente em anos que me dediquei a estudar seus poderes, rituais e crenças.

* * *

Como sempre acontece comigo, esta aventura de cozinhar no *ashran* de Sai Baba em um evento que reuniu mais de 300 brasileiros e milhares de devotos do mundo inteiro começou sem aviso prévio. Um dia fiquei sabendo que precisavam de alguém que se responsabilizasse pela cozinha na ocasião do evento. Como nosso grupo iria fazer uma apresentação musical, fomos convidados também para assumir o preparo das refeições. Sem pensar duas vezes, eu me ofereci e fui aceita!

Quando embarcava para essa superaventura, agradecia tanto amor que recebi, pois além de cuidar da minha mãe estava sendo preparada para oferecer meus préstimos para cuidar também dos meus irmãos no espírito, compartilhando a energia e os temperos do Brasil.

Deus me ofereceu muitas lições lindas no trabalho como terapeuta, recebi muitas mensagens, canalizações e curas ao longo da minha caminhada, aprendi sobre Deus, sobre o mundo oculto, sobre deusas e bruxas. Foi um longo caminho, com muitas transformações, mas é na culinária que Deus brinca comigo, me tira do sério, das regras, e me oferece a oportunidade de ser solta e criativa.

Os desafios de cozinhar na Índia também se alastrou para a convivência com pessoas do Brasil inteiro, que levaram além de suas receitas muita ansiedade, e isso me obrigou a rever minhas capacidades na liderança. Tive que colocar limites sem constrangimento, tomar decisões, delegar funções mesmo me sentindo insegura naquela enorme cozinha industrial. Mas, qual é uma das importantes funções de um *chef* de cozinha, senão administrar todo o ambiente e cuidar de pessoas?

Em uma manhã, pensando em como lidar com todo aquele movimento, resolvi dar uma volta no jardim em frente aos alojamentos, sentei em um banco e ali entreguei a situação às forças divinas. Pedi que Sai Baba cuidasse daquela situação e fiz meus votos de servir com amor, de fazer o melhor que pudesse.

Daquele momento em diante as coisas ficaram mais leves e os fatos sucederam como tinham de ser, sem o meu controle. Fluíram.

Houve, sim, momentos de estresse, algumas caras feias, pequenos desencontros, mas aconteceram também muitas bênçãos e pequenos milagres, como um prato que inexplicavelmente "apareceu" quando tínhamos certeza de que aquela comida havia terminado.

O que fica dessa história, além das fotos, dos sorrisos, das lembranças, é a certeza de que não podemos agradar a todos, mas que no fim, com boa vontade tudo acaba dando certo. Percebi vivendo aquela aventura que o **não** pode ser dito com respeito e amor.

Na culinária descobri o quanto adoro servir as pessoas e encontrei oportunidade de dar vazão ao desejo de agradar os outros de uma forma saudável. Uma boa comida agrada ao paladar e à alma.

Aula Prática de Magia:
"uma Pincelada sobre Deuses Indianos"

A Índia é de fato uma terra de contrastes, onde cada qual encontra o seu espaço, criando nessa miscelânea ou aparente caos, uma ordem.

Para o Hinduísmo, o *Yin* e o *Yang* são energias complementares como o é o céu e a terra, o espírito e a matéria, a luz e a sombra. Por meio do encontro das polaridades acontece o desenvolvimento, a transformação e o aprendizado, onde o desenvolvimento segue pelo caminho do equilíbrio das energias que estão no mundo à nossa volta e dentro de nós. Dessa forma, a energia Shakti – a deusa pode ser entendida também como o alento vital, a vida que percorre o nosso corpo eternamente se renovando. Shakti é a manifestação da vontade divina no mundo da forma...

Brahma, o Deus criador que habita os céus, imortal e de certa forma indiferente àquilo que acontece aqui no mundo objetivo, tem sua contraparte feminina, Sarasvati, a deusa das artes, da fala, da escrita. Nos dias de hoje já não temos penas e tinteiros para limpar no ritual consagrado a essa deusa, que acontece todos os anos nos meses de janeiro e fevereiro – as pessoas limpam seus computadores. Não é interessante?

Vishnu, o Deus mantenedor, é talvez o mais cultuado. Várias seitas reverenciam o seu nome. Sua contraparte é a deusa Lakshmi. Sua consorte é a responsável pela riqueza e prosperidade. Ela é representada como uma linda mulher flutuando sob uma flor de lótus, e como a Afrodite da Mitologia Grega, conta a lenda que ela nasceu da espuma do oceano de leite. Tive a oportunidade de ver lindas imagens dessa deusa em vários lugares que visitei.

Diz o Hinduísmo que Vishnu encarnou como o Senhor Rama e depois como o Senhor Krishna. Esse conceito da descida da divindade, chamado "avatar", é amplamente aceito pelo Hinduísmo, que acredita também na reencarnação e evolução da alma através das muitas vidas em que vamos evoluindo em nossa escalada para o divino.

A vida de Rama é narrada no grande épico conhecido como *Ramayana*, que conta a luta do Senhor Divino para restabelecer a lei, Dharma. A divina consorte de Rama foi Sita.

Quando Vishnu tomou a forma de Krishna sua consorte foi Radha, a menina pastora. Para os vaishnavas seguidores de Vishnu, o Senhor Supremo também é conhecido como Jaganatha. Dessa vertente surgiram os Hare Krishnas.

Diz a lenda que Krishna ensinou o *Gita*, que é um compêndio de lições sobre a lei divina ao seu nobre discípulo Arjuna, em meio à sangrenta batalha de Kurushetra, que segundo consta fica em um descampado próximo da atual cidade de Delhi, capital da Índia. Nesse importante épico, mais uma vez valores morais e éticos são colocados em pauta. Conta a história que o Senhor Krishna era o único trunfo dos pandavas, defensores da lei e da ordem, contra todo um exército de seus adversários kauravas. Simbolizando que mais vale a presença divina do que todos os poderes do mundo...

Para completar a divina trindade em seu eterno ciclo de criação, preservação e transformação, vamos nos deparar com o Senhor Shiva. Ele é o deus da transformação, da morte e da vida ao mesmo tempo, pois tudo na vida passa por transformações. Sua divina consorte é Parvati, a mãe de Ganesha, que assume a forma da deusa Kali, quando irada, e da deusa Durga, cavalgando um tigre quando tem de defender sua cria.

Shiva é também conhecido como o grande asceta, aquele que renunciou ao mundo para se dedicar à vida espiritual. Os shivaistas são muito dedicados e até hoje acontecem cerimônias sagradas aos votos de renúncia e castidade.

Na Índia, a mitologia não é uma informação para um grupo seleto que deseja se aprofundar e conhecer as raízes do pensamento. Ela faz parte do dia a dia do povo. Podemos observar que durante o ano todo festas populares são feitas como nos séculos passados. É impressionante notar como algumas cidades parecem paradas no tempo, apesar dos toques de modernidade.

Na Índia, os deuses são vivos como sua própria trindade ensina: as coisas são criadas, mantidas e transformadas constantemente.

COMIDA BRASILEIRA VEGETARIANA

Na Índia, além da nossa famosa feijoada vegetariana, a qual já apresentamos neste livro alguns capítulos atrás, fizemos também uma versão levinha de baião de dois, prato típico do nordeste. Usamos apenas feijão verde, arroz, queijo ralado e muito cheiro-verde. Ficou tudo uma delícia.

1. BOBÓ DE COUVE-FLOR

Esta deliciosa receita aprendi com minha amiga psicóloga Rose Lane Romero, no Rio de Janeiro. Sempre muito amável e atenciosa, ela me ofereceu sua sala em Copacabana para fazer atendimentos. Beijos, amiga. Seja sempre assim alto astral.

1 couve-flor grande refogada com:
1 cebola, 2 tomates e 1 pimentão picados;
1 colher de sopa de azeite de dendê;
1 colher de sopa de óleo;
1 colher de sopa de *curry*;
1 pimenta dedo-de-moça picada.

Cozinhar à parte 500 gramas de mandioca, amassar. Misturar tudo e acrescentar um vidro de leite de coco, sal a gosto.

Na hora de servir, misturar levemente uma xícara de salsinha picada e, se você gostar, acrescentar coentro picado.

2. Moqueca capixaba

Lembro que passamos umas férias no litoral norte do Rio de Janeiro, e foi lá que me inspirei a fazer este prato, comprei inclusive uma panela na beira da estrada. Falávamos para o garçom: o senhor pode pedir para o cozinheiro tirar o peixe, camarão, etc., e fazer os legumes cozidos? A pessoa ficava olhando sem entender como nós não queríamos nem sequer um fruto do mar? Mas, para nós, estava tudo ótimo. O sabor do azeite de dendê e do leite de coco deixava os legumes deliciosos. Experimente!

2 batatas grandes;
2 cenouras grandes;
2 pimentões;
2 tomates;
2 cebolas;
1 pedaço pequeno de gengibre;
1 pimenta dedo-de-moça.

Cortar tudo em rodelas e colocar para cozinhar com quatro colheres de sopa de azeite de dendê, duas colheres de sopa de *curry*, sal a gosto, um vidro de leite de coco. Na hora de servir, acrescentar uma xícara de cheiro-verde picado e coentro.

3. Pirão

2 pimentões;
2 tomates;
2 cebolas;
1 pedaço pequeno de gengibre;
1 pimenta dedo-de-moça;
4 xícaras de água;

1 xícara bem cheia de farinha de mandioca.

Picar todos os ingredientes e refogar em quatro colheres de sopa de azeite de dendê, duas colheres de sopa de *curry*, sal a gosto. Depois de cozinhar, colocar água formando uma sopa; para engrossar, acrescentar farinha de mandioca fina e ir cozinhando lentamente (fogo baixo). Na hora de servir, acrescentar cheiro-verde picado miudinho.

4. CARURU

1 maço de quiabo;
1 maço de agrião ou espinafre;
1 cebola grande ;
1 cenoura ralada;
1 pimenta dedo-de-moça;
2 tomates.

Refogar todos os ingredientes picados bem miúdos em duas colheres de azeite de dendê e duas colheres de óleo comum com uma colher de sopa de *curry* e sal a gosto.

5. QUIBEBE (COZIDO DE ABÓBORA)

Refogar no óleo:
1 abóbora pequena descascada picada miúda;
1 cebola picada;
1 pimenta dedo-de-moça.

Cozinhar em fogo lento como um creme; na hora de servir acrescentar cheiro-verde picado.

6. SOPA DE MILHO-VERDE (CURAU SALGADO)

Refogar no óleo, com uma cebola picada miudinha, milho-verde cortado, tirado de quatro espigas grandes.

Cozinhar como sopa. Sal a gosto; na hora de servir, acrescentar cheiro-verde picado.

18

Saladas e Acompanhamentos

Em cada viagem, em cada tempero, descobrimos uma nova história.
Em cada lugar aprendemos um jeito diferente de lidar com a vida.
Nunca somos os mesmos depois de uma aventura que nos transforma.
O tempero sugere mudança; a vida, aprendizado!

Ao longo da minha vida venho aprendendo muitas coisas e acho que a principal é manter a mente aberta, viva, conectada com Deus e livre de preconceitos. Na verdade, acho que nem deveria ter tido qualquer tipo de sentimento complicado, como é o preconceito, por conta do caminho que se apresentou em minha vida e acabou sendo muito diferente do que tinha planejado. Por conta da mediunidade e do meu trabalho, acabei me tornando uma pessoa muito pouco convencional. Algo inesperado, para alguém que veio de uma criação toda regrada, mas descobri, ainda que de forma tardia, que os caminhos de Deus são infinitamente mais interessantes e felizes do que aquele mundo pequeno que imaginamos para nós mesmos.

É fato que a vida ensina, e fui convidada a ver tantas coisas lindas e às vezes difíceis ao mesmo tempo, que fui percebendo que nem tudo é como imaginamos à primeira vista, mas nem por isso as coisas são ruins. Aprendi a aceitar o diferente como uma boa opção!

Devo confessar que apesar dessa abertura para o sobrenatural não sabia lidar direito com isso. E até uma certa altura da caminhada, queria fazer parte do mundo normal. Lutei para ser aceita "fazendo tudo certinho", não queria a visão expandida das coisas, não queria ser diferente, mas não foi assim que aconteceu. Com o tempo descobri que também gostava das coisas diferentes, e fora dos padrões, e essa aceitação repercutiu positivamente em tudo ao meu redor.

Na juventude, ao contrário de conhecidos que estavam descobrindo o mundo estudando fora, indo para Europa e Estados Unidos, atendendo ao chamado da alma, fui para a Índia em busca de respostas e me encantei com o que encontrei, e muitas vezes repeti essa viagem.

Tinha e tenho certeza de que vivi muitas vidas no Oriente e sempre senti grande afinidade com aquele ambiente, com as paisagens, com os temperos, com a arte, a energia do local e principalmente com Sai Baba e seus luminosos ensinamentos, que me deram a tão procurada referência de vida. Aprendi os valores humanos, meditação, orações e mantras que penetraram profundamente em meu ser, e mesmo anos depois não sentia vontade de ir para os Estados Unidos, muito menos achei que gostaria de lá ou interagiria bem com aquele país, que segundo meus antigos critérios era materialista e superficial.

Foi duro admitir minhas teorias falidas, mas acho que tenho de tornar público meu equívoco, pois sinto que está na hora de quebrar certos padrões que até então dominaram a mentalidade de muitas pessoas, que, como eu, buscaram espiritualidade achando que a magia e o mundo oculto estão reservados apenas a templos em lugares sagrados. E apesar de continuar achando que nesses lugares há uma força energética muito grande que deve ser respeitada, e continuar seguindo as orientações espirituais que aprendi com meu amado mestre, o destino tem me convidado a abrir a mente e o coração para encontrar essas passagens para o mundo oculto e as forças divinas em todos os lugares, criando uma abertura para o novo.

Foi nesta sintonia que aceitei um convite do meu marido para ir para os Estados Unidos. Lembro que meu primeiro impulso foi colocar a condição de ir até o Mount Shasta, no norte da Califórnia, montanha consagrada a Saint Germain, onde, de acordo com a narrativa de um livro bastante conhecido, contava que o nobre Mestre da Chama Violeta, na década de 1940, se manifestou para um rapaz como um tigre e depois, em sua forma humana, transmitiu importantes ensinamentos.

Foi emocionante percorrer a estrada coberta de neve e alcançar uma visão privilegiada do topo da montanha – uma paisagem linda e uma visão emocionante que se assemelha a ver o mar pela primeira vez. Ao chegarmos lá em cima, sentimos o silêncio penetrar a mente e acalmar o coração. E foi nesse momento que entendi que realmente o mundo é uno, que Deus está em todos os lugares, que o sagrado vibra em nós.

Sinto que não faz mais sentido achar que a espiritualidade está apenas em lugares especiais ou em religiões consagradas. Meu coração pede expansão.

Hoje, espiritual, para mim, é muito mais do que as rezas que continuo fazendo no silêncio do meu quarto, no salão de *Alpha Lux* com meus grupos. Espiritual deve ser a conduta diária, que vai além das vivencias fechadas em grupos restritos. A espiritualidade é e deve ser a prática da boa educação, da ética, da verdade e do amor.

Penso que vivemos um momento difícil com tantas transformações, mas, ao mesmo tempo, acho que é muito afortunado e cheio de possibilidades, principalmente quando mergulhamos profundamente em nós e descobrimos que a sabedoria está em deixar nossos corações mais compassivos e amorosos, na caridade, na oferta em olhar o outro com mais amor e paciência. A espiritualidade também está na força do nosso compromisso de autoaprimoramento e expansão da consciência.

* * *

De acordo com os ensinamentos dos Mestres Ascensionados, a América, em especial os Estados Unidos, foi escolhida para ser a sede do novo mundo, a nova luz da Fraternidade Branca, terra de Saint Germain.

Não sei muito bem de onde nasceu esse conceito, mas compreendo a necessidade da união dos mundos, como recebi em mensagem canalizada no meu livro *Os Filhos de Órion*, que diz que na Terra sempre existiram diversos mundos e várias etapas evolutivas, e chegaria o momento da união entre todos, um tempo de modernidade, de igualdade, conceito conhecido no meio espiritualista como a Nova Era.

Como muitas vezes havia viajado para a Índia em busca da vivência espiritual profunda, nunca me imaginei viajando ou gostando dos Estados Unidos. Pensava em um país voltado apenas para o consumo, mas hoje vejo que não devemos generalizar e não temos o direito de julgar as coisas na superfície sem conhecer, sem um aprofundamento no assunto. A Índia está longe de ser a única referência espiritual do mundo, assim como os Estados Unidos também não são apenas um país de consumo. Aliás, percebo que o nosso mundo está ficando cada vez mais globalizado, caminhando para o cumprimento da profecia evolutiva da Nova Era. Podemos notar isso no nosso dia a dia, pois encontramos tudo de tudo em qualquer lugar que formos, e sem sair de casa, apenas acessando a Internet. O mundo realmente está em um toque dos nossos dedos.

Temos o bem e o mal o tempo todo nos cercando. Percebo, no entanto, que esses bem e mal estão dentro de nós vibrando em sintonia com nossos sentimentos, impulsionando-nos a atitudes ruins e impensadas quando não estamos na luz.

Por que um dia houve essa aposta de crescimento espiritual para a América?

Acredito que muitas almas que estão encarnadas neste lado do planeta já passaram por muitas encarnações no Velho Mundo e no Oriente. Vejo isso constantemente nas sessões de Vidas Passadas. Penso que faça parte da nossa aprendizagem acoplar o novo, aceitar as diferenças, descobrir a sintonia da igualdade na aparente diversidade e evoluir, e se há algo especial para ser notado na América, é que o povo americano não tem mais uma face que o defina. Observamos isso assim que desembarcamos quando somos recebidos na emigração por um vídeo mostrando as diversas raças vivendo no país, o que é muito bom. O que define um povo? Sua religião, fronteiras emocionais, crenças?

Se for isso, acho que você concorda que todos nós estamos sendo convidados a evoluir, a aprender, a nos transformar encurtando distâncias por intermédio do acesso à tecnologia, que, se antes levou o homem à Lua, hoje leva multidões a vencer os limites geográficos em segundos. Podemos não nos dar conta, mas estamos dominando o tempo e o mundo em um toque das mãos.

Uma referência muito forte na Fraternidade Branca é a aceitação e integração das diferenças. Cada um dos Raios, das Chamas, invoca um talento, uma força, uma tendência, uma referência do exemplo e da mensagem deixada em cada uma das encarnações dos mestres em uma determinada cultura. Mensagens canalizadas que recebi contam que esses seres de luz encarnaram em várias partes do planeta, levaram sua mensagem de luz a diferentes culturas para promover a unidade e mostrar que somos integrantes da evolução, como ensina esta mensagem:

"As pessoas precisam aprender a viajar no espírito. É preciso mudar a mente preconceituosa e pequena em sua forma de pensar. A evolução se faz na abertura para aceitar as diferenças. O crescimento está em abrir o corpo sutil para novas experiências, sem medo de quebrar os próprios conceitos, sem medo de mudar, sem medo de vencer momentos de sofrimento, de enxergar e curar a própria dor. As viagens trazem libertação!".

* * *

Foi muito bacana ver a natureza exuberante e diferente do Hemisfério Norte, as cidades populosas e bem cuidadas, as montanhas, o mar. Com certeza voltei dessa viagem mais leve e mais próxima desse mundo que descobri também fazer parte da minha história cármica.

É impressionante observar como quando estamos com a mente aberta tudo à nossa volta se transforma em fonte de aprendizado e observação. A natureza dialoga conosco, as pessoas, os lugares. Abrir a percepção espiritual também nos traz isso. Compreendi que mediunidade não significa apenas nos comunicarmos com os espíritos, mas também com o mundo ao redor, e que abrir a mente traz a leveza que precisamos para aprendermos a ser felizes.

* * *

Aprendi que felicidade tem a ver com abrir a mente! Foi exatamente isso que senti na minha última viagem a Nova York.

Logo no primeiro passeio que fizemos me encantei com a arquitetura, com os lugares pitorescos, com as flores prontas para receber a primavera. Mas foram os símbolos incrustados em portais, janelas ou enfeitando tetos que me chamaram a atenção, e o olhar para uma força muito grande que foi depositada naquela cidade, que se autodenominou Big Apple. Aliás, como nada é ao acaso, observo que pensar na tentação bíblica da maçã faz muito sentido quando vamos descortinando Nova York caminhando a pé. Somos tentados a descobrir mais, olhar mais, vítimas felizes de um verdadeiro encantamento. E não dá para não admirar a força da cultura da capital do consumo.

Talvez a ideia de pensar que apenas na Índia teria uma experiência verdadeiramente espiritual e o resto do mundo era apenas o resto do mundo fizesse sentido no começo da minha trajetória, quando estava fincando minhas raízes, porém, agora o movimento que me carrega é expansivo.

Quero fazer as pazes com o mundo e me abrir para encontrar Deus e seus encantamentos em qualquer lugar, porque hoje sei que Ele se expressa em milhões de nomes e formas, dentro e fora de mim, e que é maçã e também aquele que come do seu fruto.

Fim do preconceito!

Aula de Magia:
Ritual para Chamar a Deusa para Sua Casa!

Arrume a mesa com uma toalha branca, que simboliza a pureza de suas intenções.

Coloque uma taça de cristal cheia de água, que representa o Santo Graal ou, em outras palavras, o seu coração e a sua mente abertos para receber o divino, a intuição, as ideias da mente superior.

Flores da sua escolha são fundamentais, pois além do perfume e da beleza, elas nos lembram da delicadeza em nossas atitudes, o que é fundamental para alcançar uma vida mais equilibrada e feliz. Sendo assim, arrume seu vaso com muito cuidado, pensando naquilo que você deseja alcançar.

Escolha uma vela colorida e na hora da oração acenda, pedindo luz, calor humano e sentimentos e pensamentos iluminados.

Veja o símbolo das cores: Rosa é amor. Amarelo, sabedoria e fortuna. Verde é esperança e cura. Violeta é transmutação. Vermelho é paixão. Marrom é a terra e a concretização de sonhos no mundo objetivo. Azul é o céu a continuidade da vida. Enfim, use sua intuição e escolha a melhor cor para o seu momento.

Ofereça também um prato de comida feito por você. Doce de preferência. Se você está de dieta, pode ser uma fruta.

Meditação

Coloque-se então em oração. Pode usar uma música suave de fundo. Feche os olhos e peça à deusa para se aproximar de você.

Imagine então que uma linda mulher chega até você. Faça sua oferenda. Entregue a ela algo que tenha um significado para você. Pode ser um ramalhete de flores ou, ainda, você pode imaginar que ela está à sua frente partilhando a linda mesa que você montou.

Sinta, imagine a presença dela a seu lado. Deixe a imaginação à solta e receba desse encontro tudo de bom que a deusa pode lhe oferecer.

Se você está precisando de ajuda no amor, peça a ela essa ajuda. Se a situação está ligada a uma solução de algum assunto do mundo material, peça ajuda. E observe as ideias que virão em sua mente. Enfim, peça à deusa que abra seus caminhos para a manifestação da luz divina em sua vida, e acredite nas mudanças que irão acontecer.

Se você souber abrir o Tarô, esse é o momento perfeito. Use a intuição. Se você é iniciante, tire apenas uma carta e leia a mensagem, tente interpretar o sentido nesse momento de sua vida. Coragem!

Sabemos que muitas coisas dependem de nossa atitude mental, da forma como nos portamos na vida, mas abrindo o coração e a mente, tudo pode ser muito melhor. Acredite!

* * *

As receitas a seguir foram oferecidas por minha filha Heloiza. Vejam a mensagem dela:

"Mãe, estou muito feliz em poder compartilhar com você e suas leitoras algumas receitas. A primeira foi passada por uma guia espiritual para trazer bem-estar e prosperidade a quem comer. Espero que todos que degustem sejam abençoados. E a segunda é um bolo sem farinha de trigo, que faço para meu marido, pois ele não pode comer glúten."

Foi muito legal para mim perceber que ela já segue o próprio caminho, cuidando da família e se preocupando com o bem-estar das pessoas. Afinal, nessa história de mediunidade ela é minha herdeira!

CANJICA DA DEUSA

1 quilo de canjica branca cozida (você pode comprar já cozida ou deixar de molho na água de um dia para o outro e terminar de cozinhar na panela de pressão).
1litro de leite tipo A ou integral;
1 vidro de leite de coco;
100 gramas de coco-ralado não adoçado;
1 lata de leite condensado.

Colocar o leite junto com a canjica já cozida e o leite de coco. Misture bem e acrescente o coco-ralado e meia lata de leite condensado. Deixe cozinhar em fogo baixo e adicione 21 cravos-da-índia – para cada um verbalize uma virtude.

Depois coloque a canela em pau (sete pedaços) – para cada um faça um pedido, sempre mexendo no fogo baixo. Por fim, acrescente o restante do leite condensado.

Caso sua canjica fique muito grossa, acrescente água. Sirva quentinha para esquentar o coração!

(Este ritual poderá ser feito com um grupo de amigas como uma festa, nesse caso cada pessoa levará a sua oferta, um prato de comida, bebida, flores, etc.)

Bolo de Milharina simples

3 ovos inteiros;
2 copos de Milharina;
1 copo de leite;
1 copo de açúcar;
½ copo de óleo ou margarina derretida;
1 pitada de sal;
1 colher de sopa de fermento em pó.

Coloque todos os ingredientes em um liquidificador e bata em velocidade alta por aproximadamente dois minutos. Unte uma forma redonda com furo no meio com apenas umas pinceladas de manteiga ou margarina e duas colheres rasas de açúcar (em vez de colocar trigo para untar, use açúcar; verá como ficará uma delícia). Leve ao forno preaquecido em temperatura alta por aproximadamente 20 minutos, depois regule para temperatura média por mais 25 minutos, ou se você perfurar e sair limpinho, estará assado.

Saladas e Acompanhamentos

As receitas a seguir dispõem de um menu despojado, como o cardápio oferecido nos restaurantes populares em Nova York: comida rápida e saudável.

1. Salada de couve com molho de tangerinas

Esta receita aprendi com minha amiga Nazaré, uma pessoa super alto-astral, sempre de bem com a vida. Nasceu no interior do Maranhão e ganhou o mundo. Exemplo de perseverança e bom humor. Agradeço por você fazer parte da minha vida, sempre trazendo novidades e esperança. Beijo, Naza!

Um maço de couve cortada bem fininha (você pode usar rúcula, agrião, ou uma mistura de folhas);
3 caquis cortados em tiras.

Molho de tangerinas e hortelã
Bater no liquidificador:
1 ou 2 tangerinas;
2 ramos de hortelã;
1 pitada de noz-moscada;
Sal grosso a gosto;

4 colheres de sopa de azeite.
Não precisa coar, tempere a salada e bom apetite!

2. SALADA DE FOLHAS COM FRUTAS

Adoro almoçar esta rica salada que vou mudando de acordo com a época do ano e a oferta de folhas. Sempre muito bom e saudável. Você pode também ir mudando as frutas; manga é uma boa pedida, assim como peras ou figos frescos.

4 folhas grandes de alface americano;
3 ramos de rúcula picada grossa;
1 maçã *fuji* picada;
4 nozes ou castanhas-do-pará picadas;
1 colher de sopa de uva-passa;
Sal e temperos a gosto.

3. MOLHO DE GENGIBRE

Mais uma receita da querida Elza, de Piracicaba.

Um pedaço de gengibre cortado em lâminas bem finas (as lâminas devem ser cortadas em rodelas – contra a fibra). Após cortar o gengibre, coloque em uma mistura de vinagre (de preferência de caqui ou maçã), mel e *shoyo light*.

A quantidade do vinagre deve ser suficiente para cobrir o gengibre; de mel é de acordo com a preferência (mais ou menos doce); o *shoyo* é o suficiente para dar uma cor mais acentuada.

4. SALADA DE QUINOA DA JÓ

Jô é uma amiga querida que tem um abraço aconchegante e olhos cheios de amor. Nordestina inteligente e vencedora, conquistou seu lugar no mundo sem perder a gentileza. Veja suas dicas no acabamento deste prato. Adoro suas saladas.

2 xícaras de chá de quinoa lavada e deixada de molho em 4 xícaras de chá de água reservada de um dia para outro;
1 cebola picada (para a cebola perder o ácido indigesto, deixe por cinco minutos descansando no suco de limão);
2 ou 3 tomates picados;
½ maço de salsa picada;

½ maço de manjericão picado sem os talos;
1 xícara de chá de uva-passa branca ou damasco seco picado;
Folhas da sua preferência (alface, rúcula, agrião);
Suco de 2 limões rosa ou outro limão da sua preferência;
Tempere com azeite e sal a gosto.

No dia seguinte, trocar a água da quinoa e cozinhar por cinco minutos; depois escorrer e retirar toda a água.

Em uma tigela, misture os outros ingredientes, tempere com sal, azeite e o suco de limão.

Decore com folhas de alface americana, tomates-cerejas, castanhas-do-pará ou nozes e maçã picada. Se desejar, pode acrescentar outras folhas e *croutons*.

5. Pepino em conserva

Receita do amigo Arlindo, que além de ser uma pessoa muito querida e disponível para ajudar nos grupos de Alpha Lux, é um superpai, companheiro e cuidadoso com a educação dos filhos. Um exemplo para muitos homens.

Colocar em um vidro (desses de palmito) de 500 ml:
2 pepinos do tipo japonês fatiados bem finos;
½ cenoura ralada;
1 colher de chá de açúcar cristal;
1 colher de chá de sal marinho moído;
1 xícara de vinagre branco.
Chacoalhar algumas vezes essa mistura com o vidro tampado.
Se desejar, pode enxugar o pepino antes de colocar no vinagre.
Levar à geladeira e em meia hora está pronto.

Opcionalmente, pode acrescentar gergelim torrado. A cenoura pode ser substituída pelo *Bifum* (massa fininha de arroz), colocado depois de chacoalhar.

6. Torta de abobrinha

Receita da querida Mariliana, mãe, avó dedicada e prendada. Nos grupos é sempre atenciosa, oferecendo carinho a todos à sua volta. Uma pessoa que dá prazer de conviver.

Massa
  4 ovos;
  8 colheres de sopa de farinha de trigo;
  4 colheres de sopa de amido de milho;
  ¼ de xícara de azeite;
  2 colheres de sopa de queijo ralado;
  1 colher de sopa de fermento;
  Sal a gosto (não esquecer que o queijo já tem sal).

Ingredientes crus
  2 abobrinhas raspadas cortadas em quadradinhos;
  2 tomates picados;
  1 e ½ xícara de cebola picada;
  ½ xícara de azeitonas verdes picadas;
  ½ xícara de salsinha picadinha.
  Preaqueça o forno enquanto prepara.
  Em uma tigela, misture todos os ingredientes da massa, deixando o fermento para o final.
  Acrescente os demais ingredientes crus, misturando-os bem com a massa. Unte uma assadeira retangular de pirex com óleo e coloque a mistura.
  Leve ao forno por aproximadamente 30 minutos ou, se quando usar um palito para furar a massa, ele sair limpinho.
  Nota: As abobrinhas podem ser do tipo italiana ou de pescocinho, e a quantidade deve ser mais ou menos duas xícaras e meia.
  No lugar da abobrinha, pode-se usar palmito, cenoura ou legumes variados. Se quiser incrementar e deixá-la mais calórica, pode colocar sobre a massa, antes de ir ao forno, bastante muçarela ralada grossa.

7. FRITADA DE COUVE

Mais uma receitinha da querida amiga, poetisa Maria Francisca, nossa querida Fran.

  2 ovos misturados;
  3 folhas de couve cortadas bem finas;
  1 colher de sopa de cebola ralada ou picada bem fina;
  ½ colher de sopa de manteiga;
  Sal a gosto.

Tendo à mão todos os ingredientes já preparados, comece colocando na frigideira a manteiga e, assim que derreter, a cebola.

Logo que a cebola começar a ficar transparente, coloque a couve. Mexer até que a couve seja envolvida pela manteiga e murche.

Acrescente os ovos, espalhando-os sobre a couve. Polvilhe com o sal.

Assim que os ovos deixarem de ficar transparentes, vire com uma espátula grande e deixe fritar.

Pode ser acompanhado por pão integral. Em vez de couve, pode ser espinafre, escarola, rúcula, agrião... Uma receita simples, saudável e saborosa!

8. QUICHE DE QUEIJO

Receita da minha irmã que adora fazer pratos rápidos e lights. Professora de yoga, procura sempre manter o corpo e a mente em equilíbrio. É sempre cuidadosa com a família e os muitos alunos.

4 colheres de margarina (pode ser *light*);
2 xícaras de farinha de trigo;
1 colher de chá de açúcar;
1 colher de sopa de fermento em pó.

Amasse bastante e abra a massa diretamente em um refratário médio, empurrando e moldando com a ponta dos dedos.

Recheio

Queijo branco (tipo minas) cortado em cubos, tomate-cereja cortado no meio, manjericão picado, sal a gosto e um pouco de molho branco para dar liga! Misture tudo e coloque sobre a massa; ajeite a superfície com uma colher e asse até dourar.

Minhas Ervas Prediletas

Existe uma infinidade de ervas e temperos que podemos usar em nossos pratos e em nossas vidas. O que vale é o bom senso e a criatividade. Estou citando apenas algumas das minhas ervas preferidas, pois costumo variar muito o tipo de tempero que uso em meus quitutes, senão tudo fica com o mesmo gosto.

Procure usar sua criatividade e, se puder dar um conselho, direi apenas para você não fazer testes em um jantar para convidados. Faça o teste apenas com você mesma. É melhor partilhar com os amigos somente o sucesso e não os pequenos desastres, não acha?

Não se esqueça de usar óleos de boa procedência, não faça esse tipo de economia. Porém, não abuse da quantidade. Procuro sempre usar pouco óleo, pois a dieta fica muito mais saudável. Lembre-se: não é a quantidade do óleo e sim a qualidade o que importa.

Outro ponto importante a ponderar quando se fala de temperos é o uso adequado do sal e da pimenta. Não abuse, pois esses condimentos fazem muito mal à saúde, mas também não deixe de usar, pois sem eles os pratos ficam sem sabor.

Lembre-se de que na culinária, assim como na vida, a moderação é ótima conselheira.

Açafrão

Originário das terras úmidas do Oriente, é extraído dos pistilos de uma flor que os reis antigos cultivavam nos seus jardins. É usado na cozinha alquímica para realçar o sabor dos outros temperos e dar um colorido todo especial aos pratos.

Alcachofra

É uma flor, e justamente por isso atua embelezando o mundo. Age diretamente no plexo solar, desafogando nossas emoções. No plano físico é altamente digestiva, tem ação hepática e diminui o colesterol. Cozida fresca, com azeite de oliva e um pouco de sal, estimula os sentidos.

Alecrim

Tem um sabor marcante e levemente picante; age no campo sutil, quando abre os canais mediúnicos, e quando limpa o medo. É um poderoso desobsessor ao limpar o campo áurico.

Vinagre de Alecrim

Você poderá fazer em sua casa um maravilhoso vinagre usando um raminho de alecrim, um dente de alho com casca e um raminho de manjericão. Coloque no vidro do vinagre e deixe repousando por no mínimo um mês.

Azeite com ervas

Alecrim, ou manjericão, ou uma mistura de ervas da sua preferência com ou sem um dente de alho. Fazer o mesmo procedimento do vinagre, colocando as ervas dentro do vidro de azeite e deixar repousar.

Alho

Um sabor marcante. A sabedoria popular diz que o alho afasta os vampiros... Para as pessoas mais sensíveis é preciso ter cautela quanto ao seu uso, pois o alho cru costuma causar desconfortos como gazes, enjoo e vômitos, justamente por ser muito forte. Uso com moderação em meus refogados. Você pode usar casca de alho para defumação e também para banho de limpeza, associado a outras ervas como alecrim e arruda.

Alfazema

O óleo essencial extraído dessa planta é amplamente conhecido pela ação calmante e o maravilhoso perfume. Sua terra natal é a França. Você pode usar e abusar do poder da alfazema, que também é conhecida como lavanda, para acalmar os pensamentos. Faça banhos afrodisíacos, acrescentando pétalas de rosas para seduzir seu parceiro. Experimente também a lavanda a seguir, que você pode fazer em casa:

Água de lavanda

2 xícaras de água destilada;
¼ xícara de álcool de cereais;
1 xícara de flores e folhas de lavanda;
10 a 15 gotas de óleo essencial de lavanda.

Misture tudo, coloque em um vidro escuro e deixe curtir durante dez dias antes de usar.

Anis-Estrelado

Tem ação relaxante, pois realça sua autoconfiança. Banhos maravilhosos podem ser preparados tendo como base essa erva, que deixa você ainda mais bonita e confiante em suas capacidades. Na culinária é usado no preparo de doces e cozidos, sempre com moderação, pois seu sabor é forte e marcante.

BANHO DE ANIS PARA CONSEGUIR UM EMPREGO

Prepare um banho muito especial usando um anis-estrelado inteiro. Quando a água levantar fervura, coloque o anis-estrelado, um raminho de alecrim e um botão de rosa. Depois do seu banho normal, tome esse banho especial e saia em busca do seu destino.

Arruda

Esta erva **não é comestível**, mas na cozinha alquímica ela não poderia faltar, pois é da cozinha que saem os melhores feitiços. A arruda é conhecida por seu poder de espantar mau-olhado. Use e abuse dela em **banhos de descarrego e defumações**. É uma erva de defesa sem igual. Até quando está no pé impede que negatividades penetrem em sua casa; é costume plantá-la no jardim, bem perto do portão de entrada.

Boldo do Chile

Dado o sabor extremamente amargo, não é usado como tempero, mas como remédio poderoso para o fígado. Porém, tome cuidado em não usá-lo em excesso, porque sua ação é poderosa. Afasta também qualquer mau olhado.

Camomila

Tanto as flores como os talos são preciosos por conta da ação digestiva e calmante. Alivia dores de cabeça e cólicas em crianças.

BANHO DE CAMOMILA PARA ACALMAR CRIANÇA

Faça um banho para seus anjinhos colocando flores de camomila, jasmim, pétalas de rosas brancas e uma pitadinha de mel. Deixe repousar por alguns minutos e acrescente na última água do banho. Seu filho dormirá tranquilo e você também.

Canela

Com ação estimulante, atua muito bem em resfriados e gripes. É maravilhosa, pois realça o sabor das frutas justamente por ser adocicada. O chá de canela é recomendado para doentes em processos depressivos, pois sabemos que muitas vezes a doença é de origem emocional. Uma grande tristeza abate mais que uma dor no corpo. A canela também está associada às coisas boas e à prosperidade. No molho de tomate, corta a acidez. Ela equilibra as energias que estão no astral.

BANANA COM CANELA

Quando estou fazendo dieta, adoro colocar uma banana partida ao meio, polvilhada com canela, por um minuto no microondas, em um prato coberto. Fica uma delícia e não precisa colocar açúcar.

Cardamomo

É uma semente muito utilizada na Índia. Uma vez cheguei a mastigar uma, mas não gostei, pois o sabor é muito marcante. Costumo usar em molhos e *currie*, pois ela deixa um sabor adocicado e maravilhoso.

Cebola

O sabor marcante é praticamente indispensável ao preparo das comidas vegetarianas. Sempre refogo a cebola em pouco óleo para não causar desconfortos, pois seu sabor marcante cru é bastante indigesto. Casca de cebola também é ótima na defumação.

Cominho

É uma semente com sabor exótico usada principalmente em pratos salgados; seu efeito se dá no plexo solar, onde moram nossas emoções, quando limpa nódoas do passado. É usado com moderação por ter um sabor muito forte, podendo até cobrir o gosto dos outros temperos.

Cravo-da-índia

Este tempero tem um aroma forte e característico. Seu poder afrodisíaco é incontestável. Ele é usado de forma moderada, pois pode causar irritação. A título de curiosidade, as pessoas com mau hálito costumavam mastigar cravo para limpar a boca. Fica uma delícia em doces e dá um toque todo especial ao molho de tomates. O óleo essencial é comestível.

Erva-doce

É muito conhecida no Brasil inteiro, também é confundida com o endro; como o nome diz, é levemente adocicada. Você poderá usá-la para dar um toque especial em doces, pães ou mesmo para quebrar um sabor muito salgado de um molho. Essa erva é usada para adoçar o espírito. Tem poderes digestivos e é estimulante. O chá é oferecido às crianças pequenas com dor de barriga, desde o tempo de nossas avós. Em bolos e doces fica uma delícia. Tem poderes calmantes e atrai os anjos.

Banho de erva-doce para depressão

Experimente banhos de erva-doce, tomilho e uma colherinha de mel. Servem para aquietar os pensamentos e curar a depressão.

Gengibre

Pode ser usado fresco, pois o sabor é bem forte e marcante, ou seco, desidratado quando o sabor fica bem mais suave. Sua ação é muito bem recebida para aliviar asma, bronquite e até rouquidão. Na cozinha alquímica, conhecemos também sua ação tônica e estimulante, sem falar no papel como afrodisíaco. (Ver "Molho de Gengibre" p.186)

Girassol

As maravilhosas sementes dessa planta são comestíveis, enfeitam e enriquecem as saladas de folhas. Você pode torrá-las no forno com um pouco de sal. No plano sutil, o girassol tem poderes que estimulam a autoestima.

Sortilégio com girassol para aumentar a autoestima

Pessoas que sofrem de algum tipo de depressão podem fazer uso do girassol, para ajudar na mudança de humor, colocando três sementes em um copo de água pela manhã e à noite, antes de dormir, mastigar lentamente as sementes e beber toda a água. Repetir o mesmo ritual pela manhã. Para tanto, deixe à noite mais três sementes de girassol repousando em um copo com água, que deverão ser ingeridas pela manhã. Repita por pelo menos sete dias seguidos.

Hissopo

Esta erva foi amplamente citada na Bíblia, justamente por ser originária da região do Mediterrâneo. O sabor é suave, mas seu poder é marcante para desfazer malfeitorias. Você também pode usá-la em forma de chá desintoxicante e acrescentá-la em suas defumações.

Hortelã

Esta erva que vem do Oriente, sempre foi usada em pratos de origem árabe. O sabor marcante dá um toque especial às saladas de folhas, como alface. Seu chá tem efeito calmante e, no plano sutil, ele trabalha habilmente a aceitação.

Chá de hortelã para acalmar

Ofereça um chá feito com sete folhas de hortelã frescas para alguém com quem você deseja fazer as pazes. Faça sua parte, tendo bons pensamentos, e aguarde o perdão.

Jasmim

Neste pequeno glossário de ervas não poderia deixar de mencionar o jasmim, porque simplesmente adoro essa planta. Seu chá é maravilhoso, tem poderes calmantes, além de ser superdigestivo. A ação dessa flor está relacionada ao plexo cardíaco, portanto, age diretamente no coração, fortalecendo nossos bons sentimentos.

Banho de Jasmim, camomila e mel é fantástico para acalmar.

Louro

As folhas dessa árvore ancestral estão imantadas com o sentido da vitória. Podemos usá-las no preparo de molhos e em cozidos como de lentilhas, e nos mais diversos *curries*. Na minha casa costumo cozinhar o arroz com uma folhinha pequena de louro, pois fica uma delícia.

Macela

É comumente usada para fazer recheio de travesseiros de ervas, por conta do seu perfume suave e por sua ação calmante, mas essa erva age como um poderoso regulador do fígado.

Manjericão

Também conhecido como basílio. É uma erva maravilhosa, com poderes de conectar você com o astral superior. O sabor marcante é usado na culinária de origem italiana para ressaltar o sabor dos molhos. Sua atuação no organismo é amplamente benéfica, pois tem uma ação digestiva muito acentuada. Pessoas com problemas de obesidade podem abusar do chá de manjericão pela manhã, em jejum, pois ele acelera o metabolismo.

BANHO DE MANJERICÃO

Em uma panela coloque água para ferver e um ramo dessa erva. Deixe repousar e então é só usar e sentir a calma e o conforto que o banho traz, uma delícia. O banho de manjericão é usado para atrair os anjos.

Manjerona

Esta erva tem um perfume marcante, combina muito bem com salada de batatas e cozidos. Servi-la fresca, acompanhando uma boa sopa no inverno, com certeza arrancará aplausos de sua família.

Noz-Moscada

Esta semente trazida do Oriente dá um sabor fantástico aos molhos à base de leite. Considero indispensável o seu uso no molho branco, para temperar ricota fresca e também dar um toque de classe aos pães doces. No plano sutil, a erva limpa o astral dos obsessores. Você pode usar na defumação. Já vi pessoas com labirintite e outros problemas associados à interferência espiritual de obsessores melhorarem os sintomas usando a noz-moscada em contato com o corpo.

Orégano

Amplamente conhecido pelo aroma inconfundível e sabor maravilhoso na pizza, é também altamente afrodisíaco; usado em pequenas quantidades realça o sabor dos alimentos. Use e abuse do orégano, pois ele realça também a sua autoestima.

Papoula

Semente poderosa no plano sutil, trabalha o mundo dos sonhos. Os antigos já haviam descoberto seus poderes misteriosos de conectar os planos espirituais e até fizeram uso inescrupuloso de seus dons. Nós vamos apenas usá-la como confeite em nossos pães salgados, pois fica uma delícia ao ser colocada por cima bem torradinha, ou em patês à base de ricota, para dar um colorido sabor de exotismo.

Pimenta-do-reino

É um poderoso excitante, muito usado para voltar da ressaca. No dia seguinte de algum acontecimento que a contrariou, você pode usar a pimenta-do-reino em alguma comida para despertar o seu poder.

Rosas brancas

Flor comestível, tem ação calmante e purificadora. Pode também ser usada em banhos, para atrair a atenção. Na culinária pode enfeitar pratos de saladas, criando um efeito todo singular. Uma magia muito simples e especial que você poderá fazer e constatar sua atuação é a seguinte:

SORTILÉGIO PARA RESOLVER UM PROBLEMA

Antes de dormir, coloque três pétalas de rosa branca em um copo grande com água. Deixe na cabeceira da sua cama; ao amanhecer, mastigue e engula as pétalas. Novamente repita este ritual. Depois de três dias você se sentirá calma e tranquila, e se for o caso de uma solução importante, acenda uma vela branca para seu anjo da guarda.

BANHO DE ROSAS PARA ACALMAR

Em uma panela, coloque água para ferver; depois acrescente três botões de rosas e um galhinho de arruda. Deixe descansar. Antes de dormir, tome este banho por três dias seguidos.

Banho de rosas para seduzir

Em uma vasilha, coloque água para ferver e:
3 rosas vermelhas;
1 cravo-da-índia;
1 lasca de canela;
1 gota do seu perfume predileto.

Água de rosas

2 xícaras de água destilada;
½ xícara de álcool de cereais;
½ xícara de pétalas de rosas vermelhas;
8 a 10 gotas de óleo de rosas.

Salvia

É uma erva conhecida por seus poderes mágicos. Nos Estados Unidos, os índios costumavam espantar os maus espíritos com um raminho dessa erva. Seu forte sabor era bastante explorado por nossos avós, que nunca ousavam misturá-la com outro tempero porque era briga na certa. Sendo assim, não abuse dela no feitio de seus pratos, mas abuse nas suas defumações.

Salsinha

É uma erva muita conhecida. As pessoas costumam usar e abusar desse suave tempero. A salsinha tem um incrível poder diurético. No plano sutil trabalha a aceitação, a calma e a paciência – com certeza temperos importantes para uma vida mais saudável e feliz. Associada à cebolinha, ela se prolifera em nossas hortas.

Tomilho

É usado como tempero em alguns pratos mais elaborados, e de origem oriental. Sua ação é penetrante; no plano sutil age libertando a pessoa de estados depressivos. Aquelas pessoas que abusam do leite devem usar o tomilho para dissolver as nódoas da carência. Diz-se que o tomilho também é usado para escalda-pés, pois alivia o cansaço. Chá de tomilho alivia dor de amor.

MADRAS® Editora
CADASTRO/MALA DIRETA

Envie este cadastro preenchido e passará a receber informações dos nossos lançamentos, nas áreas que determinar.

Nome _____

RG _____ CPF _____

Endereço Residencial _____

Bairro _____ Cidade _____ Estado ____

CEP _____ Fone _____

E-mail _____

Sexo ❏ Fem. ❏ Masc.   Nascimento _____

Profissão _____ Escolaridade (Nível/Curso) _____

Você compra livros:

❏ livrarias   ❏ feiras   ❏ telefone   ❏ Sedex livro (reembolso postal mais rápido)

❏ outros: _____

Quais os tipos de literatura que você lê:

❏ Jurídicos   ❏ Pedagogia   ❏ Business   ❏ Romances/espíritas

❏ Esoterismo ❏ Psicologia   ❏ Saúde   ❏ Espíritas/doutrinas

❏ Bruxaria   ❏ Autoajuda   ❏ Maçonaria   ❏ Outros:

Qual a sua opinião a respeito desta obra? _____
_____

Indique amigos que gostariam de receber MALA DIRETA:

Nome _____

Endereço Residencial _____

Bairro _____ Cidade _____ CEP _____

Nome do livro adquirido: ***Magia na Cozinha***

Para receber catálogos, lista de preços e outras informações, escreva para:

MADRAS EDITORA LTDA.
Rua Paulo Gonçalves, 88 – Santana – 02403-020 – São Paulo/SP
Caixa Postal 12183 – CEP 02013-970 – SP
Tel.: (11) 2281-5555 – Fax.:(11) 2959-3090
www.madras.com.br

Este livro foi composto em Times New Roman, corpo 11,5/13.
Papel Offset 75g
Impressão e Acabamento
Orgráfic Gráfica e Editora — Rua Freguesia de Poiares, 133
— Vila Carmozina — São Paulo/SP
CEP 08290-440 — Tel.: (011) 2522-6368 — orcamento@orgrafic.com.br